读懂无锡高践四
民众教育家高阳简传

华玉 编著

苏州大学出版社
Soochow University Press

图书在版编目（CIP）数据

读懂无锡高践四：民众教育家高阳简传／华玉编著. --苏州：苏州大学出版社，2023.2
ISBN 978-7-5672-4290-6

Ⅰ.①读… Ⅱ.①华… Ⅲ.①高阳-传记 Ⅳ.①K825.46

中国国家版本馆 CIP 数据核字（2023）第 032521 号

读懂无锡高践四——民众教育家高阳简传
Dudong Wuxi Gao Jiansi——Minzhong Jiaoyujia Gao Yang Jianzhuan

编　　著	华　玉
责任编辑	王　娅

出版发行	苏州大学出版社（Soochow University Press）
社　　址	苏州市十梓街 1 号　邮编：215006
印　　刷	镇江文苑制版印刷有限责任公司
网　　址	www.sudapress.com
邮购热线	0512-67480030
销售热线	0512-67481020
开　　本	718 mm×1 000 mm　1/16
印　　张	13.75
字　　数	219 千
版　　次	2023 年 2 月第 1 版
印　　次	2023 年 2 月第 1 次印刷
书　　号	ISBN 978-7-5672-4290-6
定　　价	58.00 元

发现印装错误，请与本社联系调换。服务热线：0512-67481020

序

  高阳（1892—1943），字践四，著名的民众教育家，1915年毕业于东吴大学（今苏州大学），同年冬，赴美留学入康奈尔大学学习经济，获硕士学位。高阳回国后积极投身教育事业，先后于国立暨南大学、中国公学任教，后担任江苏省立教育学院（苏州大学前身学校之一）院长及国立广西大学校长等职，对中国的教育特别是民众教育贡献巨大。

  我是通过研读校史档案资料了解高阳先生的。2009年12月，为迎接苏州大学110周年校庆，我承担了校史馆的改版建设工作，在大量翻阅与研读校史档案资料的过程中结识了一个又一个校史先贤，他们爱国、爱民，抱着"天下兴亡，匹夫有责"的情怀，刻苦学习，成就非凡。苏州大学校史上群星璀璨，有的成了科学家，如胡经甫、顾翼东、谈家桢、费孝通、刘建康、高尚荫等；有的成了法学家，如吴经熊、倪征燠、李浩培、盛振为、裘劭恒、潘汉典、陈霆锐等；有的成了教育家，如马寅初、杨永清、高阳等。

  2010年5月，苏州大学举办校庆110周年活动，我在校史馆结识了高阳先生的外孙女——时任唐山学院院长华玉教授，看着她满含深情地凝望着高阳先生的相片，在展板前流连，我深刻感受到华玉教授对她外公的敬爱之情。她将高阳先生的一些资料捐赠给了学校，不久又参与编辑出版了《高阳教育文选》，该书收集了高阳先生自1914年至1941年间的近百篇著述，集中反映了高阳先生一生追求以教育唤醒民众的思想，其意义深远。

  今天，华玉教授倾心撰写的《读懂无锡高践四——民众教育家高阳简传》，给我们展示了一位爱国、爱民、爱家的生动而伟大的爱国者、民众教育家、好家长高阳先生。

  高阳先生是一位伟大的爱国者。年少时，他在中国公学求学，"时风气已开，政治改革已为普遍之要求，先生受潮流之激荡，感国势之阽危，而发奋救国之志已立"（梁漱溟语）。抗战期间他拒任伪职，带领江苏省立教育学院师生西迁，艰苦卓绝，坚持办学。他的《抗战时期的民众教育》一文指出抗战时期之民众教育要先辨别明白："（一）杀身成仁、牺牲为国的决心与勇气。（二）热烈真诚关切的爱国心，以及从这种爱国心所发出的一贯行为……（七）不稍存苟且偷安之意，而有准备长期抗战，求得最后胜利之决心。"他认为推行民众教育以促使救亡图存之成功，是时代所赋予的重大战略任务。

高阳先生是一位伟大的民众教育家。1914年他在东吴大学求学期间，就在《东吴》杂志上刊登了自己翻译的《教育问题之重要》一文，1915年又亲自撰写了《广义教育说》刊登在《东吴》杂志上，表现出对教育的极大热情。1928年，他积极投身"唤起民众，共同奋斗"活动，决心大力推行民众教育。他在《三十五年来中国之民众教育》中指出，"民众教育的目的，在造成健全公民，改造整个社会，并充实个人生活"。担任民众教育学院和劳农学院院长以及后来的江苏省立教育学院院长期间，他大力推动民众教育，强调了理论与实践并重的教育思想。关于民众教育能否取得成功，他在1930年《民众教育实验第三次报告序》中清醒地认识到："民众教育事业在一个地方能够推广与否，全靠办理者努力与否，假定办理民众教育者能够努力，用择善固执，博学审问慎思明辨笃行，人一己百，人十己千的功夫，成绩自然而然能够好，事业自然而然能够推广；因为惟有努力的人能够得到民众的谅解、同情和信仰，能够活用教育工具，因人因地因时因事施教。总之，努力是成功最要紧的条件，也就是民众教育成功最要紧的条件。"所以高阳先生不辞劳苦，尽心尽力于民众教育，甚至付出生命而不悔。

高阳先生是一位好家长。"人生当自立"，高阳先生一生以此自律，并严格要求自己的子女，从小养成他们自力更生的习惯。从留学归来带的"华盛顿小斧子"教育子女诚实守信，到冬天带领子女到惠山脚下"打雪仗"培养子女坚强的意志品质；从倾尽家产创办私立无锡中学，完成父亲在家乡办学造福乡梓的遗愿，到抗战西迁期间为了不耽误师生将生病的长子留下，不久听闻爱子病逝的噩耗悲痛欲绝；从为了家人的安全带着全家老小返沪，到为了照顾病中的家人坚持在上海的东吴大学兼课，他言传身教,坚守民族气节。在重病中,他更是立下遗嘱"先公后私,先人后己",为子女树立一生的行事准则。

高阳先生是苏州大学校史上的杰出校友,他的崇高人格"足称为后人之楷式"!

钱万里

苏州大学图书馆党委书记、馆长

目　录

第一卷　刻苦好学不忘乡梓，立志重光神州教育
（1892—1928）

第一章　父少年失学经营商业，受艰难辛苦志向远大 …………………… 2
第二章　悟中庸取义自号践四，读中国公学发奋救国 …………………… 8
第三章　东吴大学发教育宏愿，唤醒国魂已誓为己任 …………………… 12
第四章　康大习经济探究国策，暨南执商科求有精神 …………………… 35
第五章　守父孝践遗愿培植乡梓，倾家产办教育明德力行 …………… 43
第六章　本主张中国公学不变，任新职钟爱民众教育 …………………… 49

第二卷　投身民众教育事业，执掌江苏教育学院
（1928—1937）

第七章　民众教育固民治基础，劳农教育重科学实践 …………………… 54
第八章　大师云集为办好大学，群星闪烁呈独具特色 …………………… 65
第九章　实验深入工农倡科学，研究贴近民众养正气 …………………… 74
第十章　创电化教育培养专才，借电影电播唤醒民众 …………………… 92
第十一章　考察冀鲁为中华复兴，切磋晏梁明救国要义 ……………… 102
第十二章　推诚砥砺行社会教育，无锡研讨思乡村建设 ……………… 109
第十三章　声誉鹊起无愧民教模范，努力热诚培育全国英才 ………… 118
第十四章　笃实践履且严格精勤，望之俨然而接之也温 ……………… 127
第十五章　传统文化温暖大家庭，谦虚勤俭培育有用人 ……………… 140

1

第三卷　为国为民培植人才，艰苦卓绝尽瘁教育
（1937—1943）

第十六章　战事起西迁途甘苦与共，国难前聚群力坚定育才 …………… 150

第十七章　送家眷羁沪拒任伪职，冒风险孤身重返桂林 …………… 157

第十八章　心志专注辛苦人才植，精神奋发期望民族兴 …………… 164

第十九章　艰难办学为抗战救国，经费无着致硕果夭折 …………… 175

第二十章　固辞不获抱病强起任事，精神始终只为西林桃李 …………… 180

第二十一章　祠堂养病仍谋划复校，风骨矫强留最后嘱托 …………… 185

第二十二章　倡教育拯斯民鞠躬尽瘁，弘精神扬理念高风犹存 ……… 193

后记 ………………………………………………………………… 208

第一卷

刻苦好学不忘乡梓，
立志重光神州教育

（1892—1928）

第一章 父少年失学经营商业，
　　　　受艰难辛苦志向远大

1892年2月22日（清光绪十八年正月十八日），我的外公高阳（字践四）出生在江苏无锡北乡梨花庄高长岸皋桥附近，生母为何氏。

高阳的父亲名高鼎焱（字秋荃），生于同治戊辰（1868）八月五日，是一位学徒出身的实业家。梁漱溟先生曾在《高践四先生事略》一文中介绍："鼎焱公性行笃实刚毅，为乡邑之长者，以劳工成其业，先后创立工厂于本邑及吴县。"我国的著名教育家、工学先驱、国学大师，曾任上海交通大学前身——上海工业专门学校校长的唐文治先生，写过一篇《无锡高先生秋荃传》（参见本章附文），较详细地讲述了高秋荃的生平。

高秋荃少年家贫，未能上学，12岁开始做学徒，进入花籽油饼业经商。由于勤奋自励且德行好，事业有成，办起同昌棉籽行，在苏州、常州、南通一带小有名气，结交了苏州苏纶纱厂总理祝少英和当时的名士费屺怀太史等，祝少英将苏纶全厂事务委托给了高秋荃。高秋荃为报知己，兢兢业业管理苏纶纱厂。

说到祝少英和苏纶纱厂，又引出一段在中国创办民族工业的故事。1895年，署理两江总督兼南洋大臣张之洞奏请朝廷获准设立苏州商务局，以江苏产棉产丝为依托在苏州开设商埠，期望与洋人竞争，占领当地市场。1896年，张之洞任命陆润庠为"苏州商务总办"。陆润庠（1841—1915）是苏州人，同治十三年（1874）状元，曾任清朝工部尚书、大学士等职，主持起草"变法诏书"，协助张之洞创办"三江师范学堂"；辛亥革命后任溥仪读书的毓庆宫师傅。英法联军及八国联军入侵北京时两度劫夺《永乐大典》，仅剩的64册就由陆润庠保存，民国后悉数交给在教育部主管公共文化事务的周树人（鲁迅先生），入藏京师图书馆（今中国国家图书馆)。陆润庠在苏州盘门外吴门桥以东青旸地上兴建"苏纶纱厂"和"苏经丝厂"两厂，从筹建到开工生产仅用一年半时间。1896年夏，江苏第一家使用动力机械的缫丝工厂苏经丝厂开工生产，1897年，机械化的苏纶纱厂建成投产，两厂引进了当时世界上最先进的纺织机械设备，陆润庠"状元开工厂"轰动一时。然而，由于商股不足、建厂超支且初期的利润较少等，办厂遇到很大阻力，陆润庠心生退意，遂将两厂交给协助办厂的绅士祝承桂（纸业商人祝少英）经营，自己在1898年5月回朝任职。1903年4月，两厂从官督商办转为商办，1927年苏经丝厂歇业，苏纶纱厂一直经营到中华人民共和国成立后。可以说苏经丝厂、苏纶纱厂是苏州近代工业的发端，也是中国近代最早的一批民族工业企业。

再说高秋荃在苏纶纱厂管理有方，被上海大有榨油股份有限公司总管周舜卿得知。大有榨油股份有限公司1902年由朱葆三等人创办，1922年改称大有余机器榨油股份有限公司，恰好周舜卿也是无锡人，便招高秋荃为助手。高秋荃感恩周舜卿的信任，精心管理，精研机械，与工人共甘苦。到了辛亥革命后，高秋荃经营着华昌和恒裕两个油厂，丁价侯出任大有余榨油厂总管，又请高秋荃帮助。高秋荃尽其多年经验所得，殚心筹划，事必躬亲，努力保存原料，挽回利权。他认为：中国物产丰饶，可惜工业不振，致使原料流入外洋；外洋以机器制我天产物，又以制造物易我金钱，我们丧失利权不可胜数。而东人（日本人）之子在吾华设厂，更多用当地原料，夺当地利益，为害较输出原料更大。为此，高秋荃说："余所以屏绝一切，受艰难辛苦而弗辞者，欲为吾国稍挽利权耳。至悠悠之口，毁誉无定。一事之来，必求之于心，衡之于理。苟得其是，泰然行之，无自馁可耳。"唐文治先生评价高秋荃"经营商业，克尽天职如此"。

高秋荃虽是商人，却好读书，常以少年失学为憾。他一有空闲或读报或读书，

高氏秋荃印章

阅古文，研制艺，抄写诵读曾文正家书等，直至纯熟。晚年习字读文更为精勤，手缮之稿、批点之书装满数箱。有人评价，高先生若弃商学儒，亦不逊文人。高秋荃生有二子，长子高阳，次子高明，家教亦严。

唐文治先生

唐文治先生在《无锡高先生秋荃传》中评价高秋荃："营业之能竭其诚，交友之能践以义，读书之能窥其径"，称他为"继起善贾如范蠡者"。在我看来，这是对太外公很高的评价。事实上，本书主人公高阳的一生也与唐文治先生及其家人有着密切的关联。

唐文治先生字颖侯，号蔚芝，晚号茹经，1865年12月生于江苏太仓，1879年、1882年先后考取秀才和举人，1892年考取新科进士后，年仅28岁便上任户部江西司主事。1894年甲午战争中，我国陆海军被日本打败，唐文治向清政府上书《请挽大局以维国运折》，呼吁改革图新；第二年他又撰写《上察院呈》奏章，反对签订丧权辱国的《马关条约》。1898年，唐文治调任总理衙门章京，1901年冬，总理衙门改为外务部，唐文治任外务部榷算司主事，管理通商、关税等事务。1902年春，葡萄牙向清政府提出将澳门附近大孤小孤等岛划入租界范围的无理要求，唐文治起草照会予以拒绝。同年5月，唐文治随庆亲王载振赴英，后又出访比、法、美、日等国，对日本和欧美各国的政治、经济、文化教育等进行了广泛考察。1903年，清政府设立了商部，唐文治从外务部转到商部，先后任右丞、左丞和左侍郎。他制定商律，议设商会，扶植保护民族工商业；并极力反对借外债修筑铁路，积极推行商办铁路政策，以维护国家主权。1906年，商部改为农工商部，唐文治任农工商部左侍郎兼署理尚书。

1906年12月，唐文治因母亲病逝回家居丧，此后退出政坛，潜心从事教育事业。1907年秋，时任清邮传部尚书陈璧奏请唐文治担任上海高等实业学堂监督（即校长）。唐文治到任后，停办商科转向工程教育，创设铁路、电机两个工程专科（铁路专科是该校历史上设立的第一个工程专科，也是中国近代高等学校工程专科教育的发端）。1909年春，邮传部拟发展航海贸易，急需培养航运人才，唐文治请示邮传部在学校增设船政专科，并力促成立商船学校。1911 年，邮传部电嘱在吴淞炮台湾建商船学校，唐文治亲往查勘地势，组织设计兴工，当年 8 月竣工，定名"邮传部高等商船学堂"（即现在的大连海事大学、上海海事大学前身），仍由邮传部上海高等实业学堂管理，唐文治兼任学堂监督。至此，中国近代史上第一个高等航海学府诞生。同年，在辛亥革命的高潮声中，唐文治宣布学校改名为南洋大学堂。不久，学校改隶北京国民政府交通部，更名为交通部上海工业专门学校。1912 年 12 月，唐文治邀请孙中山莅校演说，使全校师生员工了解孙中山振兴实业、富强国家的宏伟计划。1920 年 12 月，上海工业专门学校与其他交通部所属高校组并为"交通大学"，即上海交通大学的前身。

唐文治 1912 年起定居无锡，1920 年 4 月因眼疾辞去上海工业专门学校校长职务，回无锡前西溪寓所养病。1920 年 5 月起他支持高阳创办"私立无锡中学"，义务出任该校校长，不受薪金。1920 年 10 月，唐文治应聘任无锡国学专修馆馆长，虽已双目失明，但仍亲自授课。1927 年，唐文治改校名为"无锡国学专门学院"（后改为"无锡国学专修学校"）。该校在抗日战争爆发后于 1937 年 11 月辗转迁到桂林，后唐文治因患病回到上海，并于 1939 年春在上海租界创办国专分校。1941 年，上海租界为日伪占领，国专分校改为国学专修馆以避免向日伪登记。日伪曾派人劝说唐文治出任伪职，遭严词拒绝。抗日战争胜利后的 1946 年 6 月，内迁桂林的无锡国专迁回无锡复校，同时上海分校继续开办，均由唐文治主持校务。1949 年后，无锡国专改名为"中国文学院"，仍由唐文治任院长。1954 年 4 月，唐文治在上海病逝，终年 90 岁。著作有《茹经堂文集》《国文经纬贯通大义》等。

附

无锡高先生秋荃传
清赐进士出身诰授光禄大夫农工商部左侍郎署理尚书
世愚弟太仓唐文治拜撰

太湖三万六千顷，当苏锡之间，吐嚼云雾，樯帆辐辏。昔焉范蠡，审其为商务四达之区，泛舟经营，遂为货殖之祖。吾以为后世人士，吸山川之清灵瑰玮，必有继起善贾如范蠡者。于无锡得一人焉，曰高先生鼎焱，秋荃其字也。

先生幼负远志。以家贫故，年十二就贾为花籽油饼业，勤奋自励，由商业道德行若出恒性，人争就之，名播苏、常、松、太、镇、宁、南通间。与苏州苏纶纱厂总理祝君少英订交，祝君介之，得交费屺怀太史等。太史，当时名士也，以苏纶全厂事务委先生。乃益寅畏小心，兢兢业业，曰："吾将以报知己也。"后无锡周君舜卿任沪上大有油厂总理，稔知先生能，招致为助。当是时，先生慨实业之不易兴，将杜门不出。周君敦促之，乃出，联络同人，钩稽出纳，精挚机械，与工人共甘苦，曰："吾以报知己也。"

辛亥政变，先生别营华昌、恒裕两油厂，会丁君价侯任大有油厂总理，再招先生往。先生乃益出其数年经验所得，殚心筹划，事无巨细，必躬必亲。常以一身兼数人事，而尤以保存原料挽回利权为宗旨。尝曰："中国为天富国，物产丰饶，原料充牣。所惜者，工业不振，致原料流入外洋。彼以机器制我天产物，乃以制造物易我金钱以去，丧失利权，既不可胜数矣。而东人之子，素工心计，在吾华设厂，尤多用当地之原料，夺当地之利益，为害较输出原料更烈数倍。余所以屏绝一切，受艰难辛苦而弗辞者，欲为吾国稍挽利权耳。至悠悠之口，毁誉无定。一事之来，必求之于心，衡之于理，苟得其是，泰然行之，无自馁可耳。"盖先生之经营商业，克尽天职如此。

然又有进者。先生平日笃气谊，重然诺，祝君少英曾为当道所陷，先生百方营救，不惜倾资以身力保，祝君始出险。费太史由是益重之。方先生进油饼肆也，由吴君某之汲荐。入肆后，王君廉庄器重而扶植之；其与东西洋人士相交也，由周君子云之揄扬；其经理大有油厂也，由周君舜卿之延聘。是数君者，咸有加惠之谊，先生终身不忘，常告子孙图报答。即遇谗谤毁谤、落井下石之徒，先生于事后，亦不念旧恶，交好相助。盖先生之笃于友谊，无间生平如此。

然又有进者。先生性好读书，常以少年失学为耻，簿记之暇，每览报纸，或手一卷不辍。尝遍阅古文，旁及制艺，并袁随园尺牍、曾文正家书等集，择其可诵者抄写诵读，纯熟而后已。晚年益淬砺。晨出之前暮归之后，恒习字读文以自课。手缮之稿，批点之书，箧中累累然。论者谓：先生好学如斯，倘弃贾而学儒，虽文人不能过也。

然又有进者。《论语》有言："君子务本，本立而道生。"六书之义，木著于地为本；孝悌者，为人之本也。近世风俗浇薄，忘其亲以忘其本者，比比皆是。有识之士，怒焉忧之。先生虽商人，而天性至为恳挚。弱冠之初，处境颇啬，然重闱甘旨无缺乏。其尊人德宝先生秉性尊严，凛然难犯，责先生尤峻，箠楚时加。先生常敛气忍受，起敬不怨，人或笑为愚，先生愀然曰："我之身，父母之身也。父责子而忍受，分也。不顺乎亲，不可以为子。笑我者谓我为愚孝可矣。"《礼经》言：大杖则走，小杖则受。先生非明于大义者耶！

其平居教子弟，常以义。方子阳甫就塾，手授曾文正家训。迨年长，复令赴美利坚求学。回国后，受省垣暨南学校聘。先生教之曰："宜勤宜谦，毋骄毋荒，毋误人子弟。"临终时又训阳分遣资建公益学校，设义庄，并勖以"积善为宝、孝悌传家"二语，谆谆然皆儒者风也。夫以范蠡之贤，沉几观变，能复国仇，而于内行无闻焉。君孝慈若此，则夫营业之能竭其诚，交友之能践以义，读书之能窥其径，谓其皆至行之所推可也。虽曰未学，吾必谓之学矣。

先生生于同治戊辰八月五日，卒于庚申二月四日，葬于某乡之某阡。德配某氏，具有淑德。子二，长阳，次明。阳字践四，笃实能世其家。明尚幼，亦聪颖云。

论曰：宣圣之训："父在观其志，父殁观其行，三年无改于父之道，可谓孝矣。"又曰："孝者善继人之志，善述人之事。"先生长子践四，谨承遗命，将设学校、置义庄，以扬先人之烈，非所谓继志述事者欤！横览吾国捐资兴学者，自杨君斯盛外，殆不数觏。今浦东中学铜像岿然，贤士大夫相与称道弗替。践四欲显亲以扬名，其尚勉之哉。其尚勉之哉。

（选自无锡市第三高级中学建校100周年（2020年）编印的《高阳先生纪念册》）

第二章 悟中庸取义自号践四，
读中国公学发奋救国

高阳幼年和父亲一起生活，从小好学。先是接受家塾教育，父亲高秋荃家教严格，亲自给高阳讲解曾国藩家训，教导儿子"求业之精，日专而已"，期望儿子"力图专业""专守一经"，不可"兼营并鹜"。之后，高阳进入吴县的唐家弄小学学习。吴县有两千多年历史，早在秦朝已设县，后划入苏州。高阳在小学学习刻苦，成绩优异，小学毕业后约1907年入读中国公学。

中国公学校门

中国公学于1906年4月在上海创办，学校分大学班、中学班、师范速成班、理化专修班等，学生来自多个省份。当时加入同盟会追随孙中山的革命党人于右任、马君武等都曾在这里任教员。学校开办后，清政府拨款在吴淞建设中国公学校舍，1909年落成，高阳后来就在吴淞中国公学的中学班学习。中国公学办学水平很高，著名学者胡适（1906入学）、哲学家冯友兰、物理学家吴健雄、诗人何其芳等都曾是中国公学学子。梁漱溟先生描述高阳在中国公学的求学状态："时风气已开，政治改革已为普遍之要求，先生受潮流之激荡，感国势之阽危，而发奋救国之志已立。"可见高阳在中学时代已开始立下救国兴国的志向。据唐文治先生记述，高阳"年十七，入吴淞中国公学，以优等毕业"①。

　　高阳为自己取字号"践四"，据我考证，可能是在他上中学前后。早年间，我一直对外公的字号感到奇怪，"践四"两个字很拗口，且不明其意。后来读唐文治先生写的《无锡高君践四家传》，其中写道："践四讳阳，天性诚笃，幼读中庸君子之道四，心有会悟，遂取其义号践四。"结合家人的诠释，我理解"践四"就是践行"孝忠悌信"四字之意吧。

　　多年以后，我在整理母亲遗留的书籍时，意外发现了外公两本旧得发黄的小口袋书。一本是已经残缺不全的小字典，另一本是外公用过的高中英语语法教材。教材的扉页上清晰可见上下两处手写后又想画掉的英文姓名：James Young Kaul，James Y. Kau，还有改后的姓名 b. Yang Kao，标的时间是 1910 年 9 月。由此想到，外公取字践四，可能也是他自己学英语时英文名字中 James 的谐音。

　　1911 年，高阳中学毕业，而他到东吴大学学习应是在 1912—1913 年，这中间高阳如何生活且做了哪些事？有较权威的两个说法。一是唐文治先生在《无锡高君践四家传》中所述，高阳中学毕业后"旋入上海约翰大学，暨北京法政大学，均以性情不合自退学，其去就不苟如此。越一年，考入苏州东吴大学，习教育，既毕业，入东吴法学院，攻法科"②。二是梁漱溟先生在《高践四先生事略》中的叙述：高阳"辛亥年中学毕业，与沈志芬女士结婚，家居自学一年。民国二年插入东吴大学二年级，攻法律，四年毕业。"③ 即 1913 年插班入东吴大学法科，1915 年毕业。据此分析，高阳中学毕业后，先去了两所大学想

高阳中学时代用过的英语教材

---

① 唐文治. 无锡高君践四家传［M］//田晓明. 高阳教育文选. 苏州：苏州大学出版社，2012：363.
② 唐文治. 无锡高君践四家传［M］//田晓明. 高阳教育文选. 苏州：苏州大学出版社，2012：363.
③ 梁漱溟. 高践四先生事略［M］//田晓明. 高阳教育文选. 苏州：苏州大学出版社，2012：358.

读书，但均不合意，于是居家自学一年，此后考入东吴大学，先习教育，后攻法科，其间与沈志芬女士结了婚，且长女高瑞玉、长子高文凯先后出生。

关于高阳在家这段时间的经历，还有个背字典的故事。这个故事有多种说法，出自一些回忆文章，只是百余年过去，故事的确切时间及细节已很难考证。

第一个关于高阳背字典的说法出自曾在原江苏省立教育学院学习并任学生会主席的刘于艮先生，他写过一篇《对高践四先生印象记》，刊载于苏州大学原江苏省立教育学院校友会1989年编印的《艰苦的探寻——江苏省立教育学院校友回忆录》（第二辑）。文中记述有一次高（践四）院长和他谈到学习问题："先生讲到他年青时，因患肺病停学在家，家中决定将他一人安置在郊区一栋房子中去休养，一天三餐，派人送饭给他吃，为了要他安心休养，临走时，书籍文具都不许带，先生偷偷带了一本英文字典去，他没有事就天天读那本字典，不到一年病好了，一本字典也读得滚瓜溜熟。要是问他某一个单词，他立即可以告诉你在某页某行。对先生这种刻苦好学精神，当时我们都是惊叹不止。"①

第二个说法是依据张大年先生的文章。张大年先生1941年生，无锡市第三高级中学退休教师，历任三届无锡市政协委员，为研究高阳并向社会介绍高阳付出很多心血。他在《毁家兴学为民众——记"私立无锡中学"创办人高阳（践四）》（原载无锡市第三中学建校八十周年纪念册）一文中记述："高阳成婚较早，母亲去世时，已有一子一女，他为母亲守孝，足不出户，独自一人关在堆栈里，竟把一本英语词典倒背如流。"

第三个高阳背字典的说法出自我的七姨高崑玉女士，七姨说记得长辈告诉她，高阳是在1920年为其父亲守孝时背的字典。

我的外婆沈志芬女士，1893年生，她并未上过学，但在结婚后学习了文化。

外婆很了不起，生育了12个子女，数十年辛苦操劳持家，一直忙碌到

---

① 刘于艮. 对高践四先生印象记［G］∥苏州大学原江苏省立教育学院校友会. 艰苦的探寻——江苏省立教育学院校友回忆录（第二辑）. 苏州：［出版者不详］，1989：216.

1988 年将近 95 岁时离世。外婆也是无锡人，婚后虽然大多时间居住在上海但乡音不改。我生长在唐山，只有去上海时才能见到外婆。因为子孙一去外婆就要忙忙碌碌，加之她不大爱笑，所以在孩提和少年时代，我在外婆面前多少有点怯生生的。印象最深的是 1967 年夏到 1970 年初，我因养病在上海的爷爷家、外婆家住了两年多，14 岁要离开上海回唐山时，外婆说北方冷得很，专门给我做了一件特别厚的棉袄，紫红的底色、粉红的图案。我当时非常喜欢，带回唐山后再冷也舍不得穿，精心收到箱子里。经过唐山大地震后，这件棉袄仍然保存完好，颜色鲜艳。成年后，每每见到这件棉袄，心中仍充满亲情的感动。

高阳夫人沈志芬女士
（摄于 1941 年前后）

第三章　东吴大学发教育宏愿，唤醒国魂已誓为己任

1913 年前后，高阳考入东吴大学。依据唐文治先生和梁漱溟先生所述，高阳先读了教育学科，由于有居家自学的基础很快毕业，然后进入东吴法学院，插班攻读法律。东吴大学即现在苏州大学的前身，我在 2010 年春和 2017 年春去过两次，印象深刻的是其校训"养天地正气，法古今完人"，还有校园中宁静致远的老建筑和美丽的自然风景。

东吴大学由美国基督教监理会于 1900 年创办，前身是苏州的博习书院、宫巷书院和上海中西书院，以宫巷书院为基础，在天赐庄博习书院旧址扩建为大学，校园优雅宜人。1900 年 12 月，基督教美国传教士、万国公报创办人林乐知（Young J. Allen）任学校董事长，孙乐文（David L. Anderson）任校长。学校设有文、理、法三个学院。文理学院设在苏州天赐庄，法学院设在上海的昆山路。创办之初，除了来自美国的教授外，也聘请中国教师教授中国文化。历经三位美籍校长孙乐文、葛赉恩及文乃史之后，1927 年，近代教育家杨永清先生当选首任中国籍校长。杨永清（1891—1956）1909 年毕业于东吴大学，后又毕业于清华大学，并获美国南方大学荣誉法学博士、巴德温大学荣誉人文学博士，他自 1927 年至 1952 年的 25 年间一直任东吴大学校长。1929 年，东吴大学在国民政府注册立案，学校接受杨永清校长提议，以"养天地正气，法古今完人"为中文校训，其原文出自 1923 年孙中山先生的手书。东吴大学走出过众多名人，如大家熟知的杨绛先生、费孝通先生和金庸先生等。1952 年，东吴大学文理学院、苏南文化教育学院和江南大学数理系合并组建苏南师范学院，同年更名为"江苏师范学院"，在原东吴大学校址办学。位于上海的东吴大学法学院则并入华东政法学院，原东吴大学法学院院址并入上海财

政经济学院。1982年学校更名为苏州大学。

东吴大学校门　　　　　　　　苏州大学校园

东吴大学的法学院很有历史。史料记载，1915年9月，美国基督教监理会为了在中国训练一批英美法人才，以东吴大学为本，在上海创设"东吴大学法学院"，校址在虹口昆山路，这是教会大学首次在中国设立的法学专业。东吴法学院奉行职业化的法学精英教育，为此实行"严进严出"，如入学学生须完成初步的大学学习之后才能学习法律。学院创建初期照搬美国法学院的模式，其课程也得到美国法学院的承认，许多学生毕业后赴美留学，学成后回国。法学院的教学水平和特色曾使东吴大学的法学教育饮誉海内外，培养了一大批现当代著名的法学专家，如鄂森、吴经熊、倪征燠、李浩培、潘汉典等，堪称近代中国一流的法学院。

从高阳在东吴大学的学习时间来看，他大多时间是在苏州校址学习，即使曾在上海的东吴法学院学习，也应只有较短的时间，因为他1915年冬已赴美国留学。

高阳读大学时，是辛亥革命之后袁世凯主政的时期，当时的中国积贫积弱，民生憔悴，文化衰落，很多青年为此发奋读书，以图救国救民。1915年，23岁的高阳在《东吴》校刊第1卷第6号上发表了一篇文章，洋洋洒洒一万六千余字，题为：广义教育说。这是我所读到的外公最早的一篇文章，也是我读到的外公唯一一篇写于白话文在我国兴起之前的文言文。对于我来说，读懂外公这篇百余年前的万字文言文很难，不过在艰涩

高阳 1915 年东吴大学毕业照

的文字中我能感受到外公胸中那忧国忧民的深深痛楚、爱国爱民的澎湃激情，还有外公发愿教育救国、誓以唤醒国魂为己任，实现"人人皆为教育家""处处为教育地""重光神州之教育"的高尚梦想，以及提倡对国民实施广义教育的青涩但极其认真的思考。

写到这里我想坦诚地说，读懂外公很不容易。外公不仅没有给家人留下钱财，也没有给家人留下多少关于他生平经历的详细记述。在我看来，外公只给后人留下了两样东西：一是他那被人视为"愚不可及"的干事精神；二是他从1913年考入东吴大学到1943年离世前所做的演讲报告及所发表的文论——共计不少于90篇文章，还有一部关于民众教育的专著。因此，若想读懂高阳，除了现存不多的后人回忆（包括友人、师生、家人）外，最直接的方法莫过于阅读他的文章，因为这些文章映射、记录了那个时代，记录了外公和那些前辈们的求学足迹和生活印记。

所以，为了解1915年东吴大学的学子高阳，这里摘录几段《广义教育说》的文字，其思其想其志可见一斑。

> 广义教育者，别乎现行统系的教育言，非普及教育之谓，乃谓中国人民众多，而程度低下、文教衰落、文化背进，国步以日蹙，而民生日陷于憔悴忧伤之境，将举人人所有之常识，变而通之，在在行教育之方法，以期教育普及全国，人民皆得有普通之智识也。
>
> 广义教育，有纵横二义。纵者，人人皆为教育家，以教育国民，灌注常识，唤醒国魂为己任；横者，处处为教育地，为实验场，为学校，为讲坛，俾全国国民无一人不得教育之益，文明程度由下而上，由卑而高，常识皆具，精神恢复是也。

一国之学不在形式，而在精神。精神完固，则贞胜自操，虽烈风雷雨，亦不致迷茫失措，退入于泥。精神若不完固，则平时本外强中干，临变则畏首畏尾，以奄奄一息、旦夕就木之尫夫，尚可浮沉于扬风怒号、惊潮山立之漏舟中乎？

　　故人生有目的焉，有精神焉。舜禹孔墨之目的不一，而同具一宏毅之精神，即其目的虽异，亦同归于任重道远，利国利民。惟其有精神，故能有成立；惟其目的为利他，而非利己，故其精神焕发，博施济众之量愈宏。精神目的，相为表里，亦相得益彰。

　　故今吾欲实行广义教育，亦不能执途人而告之曰，汝无常识，当勉为学；并家喻而户晓之曰，吾侪无国家思想，国且就亡，今速当改辕易辙，以国利民福为前提，而间接可自利自福。盖以若所为，求若所欲，则非惟我无其力，我无其时，所谓每人而悦，日亦不足，人亦将以为迂阔而远事情，目笑存之，而以吾言为河汉矣。惟我有家焉，我有亲戚焉、我有朋友焉、同学焉、同事焉、相识之邻里焉、信从之同胞焉；我有笔，我能书焉，我有舌，我能言焉。我有发语之时间，我有登台演讲之机会，或谆谆以劝勉之，或切切以告语之，或侃侃而谈，开诚布公以谂之。无人无地不可以入我之言，即无时无语不可以行我之学。是我虽不能户户而说之、人人而告之，目力似有限，而我之发表意见，起人信仰之机会，固属不少也。且我所有之机会，有人所万不能有者。譬如吾之父母，路人不能无故以广义教育进也；吾之兄弟姊妹，苟非家族之亲长，学校之师友，亦无人能教以应有之常识也，而我皆能为之。人之于其家族亲友亦然。

　　今输以普通知识，教以自修之法门，乘可为之时间，直追勿失，玩索学理，研究政治，启发其固有之精神，人人知所以自助，而不入乎自欺，则不数年后，民智既新，习惯既久，精神来复，痼疾尽消，人具强毅之气概，世无不可为之事。

　　此吾所以每清夜扪心，剧怜同胞之梦梦，忧伤悲愤，发提倡广义教育之宏愿，而望邦人士庶，急起直追，虚己以受人，且诲人不倦，冀力挽沧海之回澜，重光神州之教育也。①

透过文字，如见这位青年的赤诚之心，立志救国，矢志教育，为救同胞甘愿尽瘁。现在想来，外公写的这篇文章似乎已经注定了他的命运；反观其一生，他最钟爱的江苏省立教育学院民众教育事业，其内涵不正是他追求的广义教育②吗？

1915年的冬天，外公远渡重洋，踏上了自费旅美求学的路程。

附

广义教育说

高　阳

洌按：践四先生厕身教育界中多历年所，声誉卓著。斯篇载民国四年之《东吴》第一卷第六号。洋洋大文，先生于教育固早已研究有素。

广义教育者，别乎现行统系的教育言，非普及教育之谓。乃谓中国人民众多，而程度低下、文教衰落、文化背进，国步以日蹙，而民生日陷于憔悴忧伤之境，将举人人所有之常识，变而通之，在在行教育之方法，以期教育普及全国，人民皆得有普通之智识也。我国虽为世宇古文明国之一，然数千年来有退化而无进化，故今日中国人民程度之低，几为全世界所訾议。其亡其亡，讳无可讳。平居一举一动，除一二身修德劭者，品行端恭而外，其余非行己有私，荡然无耻，即习非成是，如梦死醉生，贸贸终日，不自知其何以为而已。

就一家言，凡平时以孝友礼让相榜者，可历历指数曰：上为慈爱之父母，下为孝顺之子女，推此而有克友克恭之兄弟焉；又推而有同气连枝之诸父诸姑，下即礼敬不衰之兄嫂弟娣焉。其或有继母及异母兄弟者，尤能推一本同枝之爱，益笃亲亲之谊焉，固也；其可以相榜，而使同里闬之人

---

① 高阳.广义教育说［M］//田晓明.高阳教育文选.苏州：苏州大学出版社，2012：3-12.
② "广义教育"一词，是指所有有目的性地影响他人的知识结构、思想品德、促进发展的教育。广义的教育是人类特有的一种社会现象，是一种促进人的素质发展的社会活动，凡是他人和自我有目的地增进人的知识技能、影响人的思想品德等素质发展的活动，都是教育。

矜式也。然而人之在家，微特内行纯笃者之不多遘也，而父子兄弟娣姒之伦，鲜有能辑睦相居者。若继母及异母兄弟之间有违言、伯叔嫂娣间之不相容，固无论矣；甚至兄弟阋墙，夫妇勃豀，怨怼父母，摧残骨肉，不其过乎？论者非作解人相谅之语曰：是乃家庭之隐忧，为人人所堪痛心；即厉声相斥曰：是由于大道之不明、家庭之不学耳。然而隐忧虽深，谁消释之；大道不明，谁昭示之；家庭不明，谁牖启之？

而况人人以不学故，于邻里乡党社会家国之间，酬酢往还，亦往往不能得其正：或机诈百出，变幻无常；或卑鄙龌龊，廉耻道丧；或礼让不知，傲慢不逊；或躁急卤莽，偾事败绩。以致干戈起于揖让，谈笑亦生锋芒，以狡狯为智者之本相，以忠厚为愚夫之徽号。究之社会蒙其弊而私欲亦不能遂，公德沦亡，社交离贰，道德堕落，营业凋零，国家凡百企图，日就无望，而文化之背进，其情状有不堪设想者。一言以蔽，皆坐吾人无学，见小利而忘大利，而愚而好自用之心，复有以中之。孰悯狂愚，怜其失学，而教育之乎？至于咳吐便溺之细，谈讲举手之微，国人亦不能慎，至白皙种人，距之以野蛮，而侣之以犬豕；明属中国之版图，而喧宾竟以夺主。耻辱若斯，亦曾睹吾人之内自省乎？至他人之莅止吾国，为我所属耳目者，不见其一喷嚏、一呵欠之间，必承之以巾，深自敛抑乎？而我乃放浪形骸，箕踞袒裼，沉醉烟酒，遗臭万人，放弃礼法，自矜旷达。我固不惭，而人将何以堪乎？抑吾人非特不知愧悔已也，反引随地便溺，致被惩戒为谈助。而癖酒嗜烟，益复猖狂，一若唐高祖纵酒纳贿，用以自污者。呜呼，此非不知公德，习非成事而何？

国于天地，不能闭关自守，国际上私人之交涉，至今日而益形接近。顾吾之举动如是，行为如是，其将永不讲公德，永受人藐视，而长此终古乎？势必不能也。则又谁将怜其失学，而谋教育之乎？若夫一国之事，其影响所至，无不波及全国，于人民皆有切肤之关系。且今当民国新建，民为主体，宜人人皆具政治思想，爱国精神，以国事为家事，时时萦之怀抱，与亲友讨论之、筹谋之、笔之书之，以贡之于社会，贡之于政府，以期拨乱为治，转危为安，且尽仔肩共担之义务矣。乃吾民旧习深染，仍但知有个人，知有一家，而不知有国，以国为传家之宝，为个人一姓之私产。故曰某某去位，则某某之地位益固；而不曰某某之去位，乃吾国前途之福，或吾国民全体之不幸。即有言之者，亦不过于酒后茶余，作谈助，非能真作主观，灼知国之于己，休戚相关，而慎思之，明辨之，念兹在兹，忠爱之忱，形之寤寐，忧国之心，不啻若是其口出也。不然一国之庶政至纷繁矣，一国之人民亦众多矣，国会未开，宪法尚悬，国政待整理，实业待振兴，教育待普及，国耻当雪，国威宜章，乃忧患弥大，万方多难，内乱未已，外患频仍，斯乾坤何等时，吾侪小民，敢仍以不识不知，顺帝之则谢乎？现政府之所为，固不能尽如人意，而人民监督政府之责，亦无可旁贷，乃熙熙攘攘，漠不注意，何为者也？其在下愚，平时既从来未闻人民与国之关系，且为内顾之忧所萦扰，个人之私所范围，遂不问国事，不念国难，惟安乐之是图，淫逸之是耽，视国与民之关系，如隔重山者，固无论矣。乃至以志士自命，天下自任者流，或亦暴弃自甘，萎靡不振；或各奔私利，廉耻道亡；亦或有慷慨激昂之怀，而稍纵即逝；或不乏义勇从公之志，而境过情迁；或学步兵之哭途，或效灌夫之骂座，乃言虽危而行逊，色虽厉而内荏。或竟借痛哭流涕之文章，以希知遇，或自托醇酒妇人之素志，以了余生。故爱国保种之说，亦口头禅而已。

作者非好为刘四之骂人也，凡志洁行芳，思深虑远，真能以利民福国为前提者，方敬之爱之不暇，何忍加以非礼之语，亦何敢以傲慢不逊自居乎？试思执笔伏案，天寒则围炉，体冷则御裘，饱食终日，安步当车，而纵谈有师友，欢叙有天伦，身家之幸福，可谓极至。而有时事物不惬于心，则必谋使尽合吾意而后即安，犹以为未足，又必求所以增进之。而研诸虑，悦诸心，无往而不用其极，独至一国成败利钝之故，则不闻不问，一若楚人得弓、楚人失弓。更无须吾侪过虑者，即明知大局之垂危，亦或以权不我操，言不我用，借无可奈何一语以了之，不知天下之存亡，国家之成败，所以积渐而至者，原非一二人之力所能左右之，则推亡固存，转败为成，亦不能以权藉有无之故尽委其责于政府，而自以无权力者无责任一语谢天下之人，久处于无责任之地位，而于整齐一国，安上治下，修内攘外之事，淡忘已久。设一旦现政府以国步艰难，尽力既久，不愿更为公仆，则吾侪精神疲惫，素无预备，将何起而以代之乎？而况国为我人民之国，政即我人民之政，万端待理，政府决非万能。时际平和，国际公私之交，绝少葛藤，犹当同心一德，谋所以整顿全国之实业，增进国家之幸福。今当欧战方亟，强邻逼处之时，宜如何实事求是，谋为政府之后盾，岂可以虚矫之空言，欺人自欺乎？

夫一身之事，若不谋砥砺名节，以图自振，则必身败名裂，而无以立身，一家之中，家长若怠惰自甘，放弃齐家之责，一任子弟之荡检逾闲，习以下流，则家务必索。高明之家，鬼阚其室，有前鉴矣。推之一市肆、一商店，为其主人翁者，若不饬整齐划一之行规，责通力合作之效力，以谋营业之发达，利金之孳生，而自以居移养气，保东人之尊严，或深居简出，不问营业，或赌博冶游，妄支母金，为其同事者，上行下效，亦与之为同昏，无一存责任心，力助本肆事业之发展者，则倒闭歇业，咸意中事。质言之，一公司团体总经理及同事等，若不能尽其职分，而各股东亦不知某所以辅助而监督之，则该公司之失败可立待也。推之一国，何莫不然。

然此犹倡率得人，则所属咸奋，仍有责任当国之意也。其实政府不过为少数施行政务之人，其能力之厚薄，仍视我国民之能协力同心与否为标准。亦犹一家之中，家长虽力谋发达，大振门楣，而子女多不勉力，非特不克望未来之幸福，即所已有之幸福，能常保乎？此人民依赖政府之心，所以不可有，依赖焉而尽弃国人之天职，则我有庭内，弗洒弗扫，宛其死矣，他人是保，此诗人之所为兴叹也。不然埃及印度非皆古文明国乎？何以国人不自有其国，今已皆为英国所保乎？其余若波兰、若安南、若朝鲜等国，宛其死矣。他人入室之悲，又何以继续闻于世乎？我国广袤之疆土，其划入各国势力范围内者，已亘于沿海岸线之各行省，而浸浸乎贯入腹部。外交之失败，虽铸九州铁而不足喻其错，固无庸赘论矣。而内政一端，亦以国民不知自谋，至启人生觊觎之心、把持之念。尝谓西国之政争，为政见之争执，彼其民意见虽不同，而目的则同为为国服务，为国谋幸福，且其胜而得位者，常为政见适合时宜之人，由民选之。故大多数之民，亦必助其发展政见，和衷共济。虽君主立宪国，颇得共和之精神，如英国者，灼然共见矣。

而我国之政争则不然：富有者，用金钱为运动；狡黠者，仗党派以竞争。地方自治为绅士自治，中央集权为个人集权。彼辈既无所谓政见，而所以争胜之目的，亦不过为个人之私利计。无怪地方益扰乱，政治益枯窳，交涉益失败。切实救国之计，根本解决之手段无有，而勾践卧薪尝胆，二十年生聚教养之大方针，不重见于今日也。夫彼辈肉食既久，大志已为食前方丈、侍妾数百所移，其不知振作，固意中事。且其自私自利之心之所由起，皆因吾民虽有钟鼓，弗鼓弗敲自召之。身虽执政，同为国民之一分子，习性相同。国民不思，彼辈亦不思；国民无政见，彼辈亦无政见。其所以制胜人者，非富有之资，即狡鸷之性耳，吾更何望焉？

夫吾国大多数之民众，苟长此散沙，无人人为国谋自治之决心，则吾国终无宁日。迁延迁延，蹉跎蹉跎，必训至国亡而后已。呜呼！吾人于切近之事，如身家性命，急急皇皇，日谋所以保安之道。惟至身受庇荫安危与共之国，则以影响稍缓，无有念及之者，言之亦可汗颜、可痛心矣。夫政权虽不操之我手，我岂可恝然于一国之成败利钝，而视同吴越，抑我岂不能以我一得之愚，发为言论，贡之当局？至当局有过，我岂不能间接直接与之力争，以促其反省，期其晚改，俾国政不受损害乎？语云，至诚所感，金石为开。我以真诚爱国之故，谋祖国之平治，又何所顾忌，莫扪朕舌，而不尽一吐耶？且筹谋国事，亦分内事矣。现在总统，亦有家累，亦有个人之私，虽为公仆，势未能终日尽瘁于国是。我亦不能必归责于公仆，屡为不情之请，而不自抒其抱负，重申"有权利者，有责任"一语也。则我人于公务之暇，家政既理之后，不能视国事如家事，思之极审，筹之极熟，然后更以己之所得者，出与有道讨论之，及确见为事理之适当，乃贡之社会，以便当局集思广益厝国家于至安乎？虽然，吾国人之第知爱身，不知爱国，政治概念，心无系著，相习已数千年于兹矣。海通以来，戟刺虽多，而神经系之行使，未臻灵敏。故国步艰难，而无责任心之习性，根深蒂固，牢不可破，求一负经营天下之志，而筹谋及之者，如凤毛、如麟角。

孟子曰，惟贤者以其昭昭，使人昭昭；今以其昏昏，使人昭昭。然则无论自处于昏昏，而转求人之昭昭，天下将不之应。又谁哀其昏昏，被以相当之教育，俾渐臻乎昭昭，得以其昭昭，启人之昏昏乎？总是四者，小至咳唾便溺之私，中为家庭社会之居处往来，大至一国之国是，吾民对之，多未得当，故致不能受其福而被其害。一二开通之士非不大声疾呼，咨嗟叹息？然徒托空言，何补于事乎？即能见诸实行矣，亦以烛理不精，立方不验，盖不审乎病之所由来，而措治病之方，而惟头痛医头、足疼医足，如谚之所云之者，终不足针膏肓而起废疾也。夫吾民之大事糊涂，小事失检者，皆由于不具常识，程度低微。说者知教育之为紧要然反观不学之人民，如此其众，所乏之知识，又如此其多，即令欧美大教育家处于此，亦有难于厝手足者。故每一念及，未尝不望洋兴叹，以为长此冥行，终将为深渊中之盲鱼，再见天日，恐无期也。顾吾思之，吾重思之，忽有所触，以为智犹水也，脑犹贮水之器也，民智低下，惟有灌注，而灌注之方，惟求其广，乃能有效。故广义教育之说起焉。

学崇浮华，士殉利禄，古学垂亡，新智遏绝，以至一切学问，均须求诸海外。而顽固者，犹守旧笃墟，终焉不化；维新者亦徒艳称欧化，吐弃国粹。所志卑劣者，且以能造就象胥之才为已足。故中国非惟国势衰也，并文教亦极衰替，有逝川而无回流。世之爱国者，当国强学衰或学盛国弱时，则救国又有所藉手；独至国弱而学衰，则不得不进退维谷，一筹莫展矣。夫一国之学，有精神焉，科学及文学，不过其附丽耳。昔者尧舜率天下以仁，大禹率天下以俭，孔孟垂教以仁义，而自夏商以履周，尚忠尚质，进乎尚文。是故孔子曰，周监于二代，郁郁乎文哉，吾从周。而仁和龚氏则曰，孔子之从周，法时王也。吾谓孔子祖述尧舜，亦不尽法时王，而必宪章文武者，则以成周文化之隆，为五帝二王所求未逮。此孔子所以称时圣也。惟一代文化之昌明，必根据于教育之普及。试观周官所载，凡师氏保氏大乐正之所典，皆为教育之事。故其时国有国学，乡有乡学，上自王公卿大夫之子弟，下迄编氓齐民，莫不游于庠序之中。而家塾党庠、术序学区之分配，八岁入小学，十五入大学，学龄之规定，整齐划一，遐迩同风。绳以今日欧美教育之盛，吾何间然哉？秦汉之际，有焚坑祸，有挟书禁，日剥月朘，举中国立国之精神，荡为寒烟，微特神州学术之不兢已也。训至新莽之附会、刘歆之掺杂，并举汉武以来统于一尊之儒学、仲尼手定之六经，亦篡乱之。汉儒说经，虽以六籍功臣自居者不少，而支离破碎，入室操戈，挟自作聪明之小智，晦大义而涸微言，致歧之中又有歧者，亦复实繁有徒。康成大儒也，而援谶纬以入经；京房大师也，而托术数以诠易，其他更何论哉？世动曰"六经者，载道之文而经世之书也"，于是而居读古人书，出任天下事，以名儒之文章而成名臣之事业者，翕然以"通经致用"四字之美谥奉之，其实经已乱，其孰通之体不明，用谁达之？盖知两汉以降，所谓春秋折狱，禹贡行河，诗三百篇当陈者，皆断章取义为之，非尽有得于群经而能观其会通，以措时宜者也。然则所谓经学大师者，吾知之矣。宋儒尊德性，与汉儒道问学相递嬗，经学理学而成中国千数百年双峰并峙之大观。近百年间，一般学者之服习，自谓有统系有传派之学术，穷老尽气，仍盘旋两派之裤下，而不敢越雷池一步者，非汉学即宋学耳。宋儒尚理想，似能举汉学章句笺钉之学一扫而空之，颇有革新代雄之气象。然高谈心性，浅者邻于乡谚，深者流入禅宗。虽上自泰山高平，以迄濂洛关闽五子，聚徒讲学，俨然以师儒肩教育之权，而流风之推暨者广，然格物致知之暗中摸索、正心诚意之纸上空谈，与人心风俗，或不无移易之功，而修齐治平究何有实效可证？下此者更可知矣。故就两学性质言，汉学主唯物，宋学主唯心。就两学作用言，宋儒粗有得于形而上之学而主乎受用，汉儒无当于形而下之学而并不得言应用，则宋儒愈矣。质言之，诚庄子所谓一丘之貉耳。中国自周以降，无教育史之可辑春，而民智不开，百昌之学无所借以启发者，皆坐是也。而况累代取士之寡要鲜当，亦为消沮士气、斫丧国化之一大关键。自明祖以制义取士，更举宋以来经义取士之制变本而加厉之，祸乃烈于暴秦之焚坑，而于立国之精神，遂为消耗上之消耗。个人毕生之精力，既受单体之打击，则国民之精神，将何所寄以存立乎？中国数千年来文化之有退无进，岂偶然哉？欧洲当中世纪时，学者守亚理斯多得所发明之外籀学，以为宇宙间之智识已尽于是矣。以故徒传授而不图前进，守既有而不知发明，几与我国相伯仲。然其古学不久即复兴，至今四五百来年，文化蒸蒸日上，已非吾人所能望其项背矣。夫欧洲诸邦之学，近源于希腊罗马，而远溯于埃及。埃及文化最盛时，即当我国文明全盛时代，而东西进化所经历，亦几出乎一辙，惟两地之形式虽同遭抑压，而彼之精神从未消灭。崇尚自由之条顿民族，终不为罗马所牢笼，故其人吸收新学而不为新学之奴隶。中世纪封建时之尚武好勇、十字军之前仆后继，再接再厉，东向无已，皆由其精神充塞于内，故时时流露于外，而不可遏抑。今则盎格罗撒克逊族爱自由、贵光荣之精神，发而为英国之雄跨全球、英学之布满世界。日耳曼族铁血尚武之精神，发而为德国之称霸大陆、称霸学界。即近观之日本，亦以其具大和魂武士道之精神，当欧风美雨滔滔东渐之时，非惟兀不为动，且能吸收新知，发皇固有，学于人而不役于人，不数十年间，已一跃而与列强并驾齐驱矣。由是可见一国之学不在形式，而在精神。精神完固，则贞胜自操，虽烈风雷雨，亦不致迷茫失措，退入于泥。精神若不完固，则平时本外强中干，临变则畏首畏尾，以奄奄一息、旦夕就木之尪夫，尚可浮沉于扬风怒号、惊潮山立之漏舟中乎？呜呼！我国国学之无精神也久矣，我国之不亡、我学之不绝幸耳。虽然，精神之不振，固不足以遗大而投艰，而历试艰难险阻之中，精神或经磨砺而出，故操心虑患，而后德慧术智之用章；困虑衡心，而后增益不能之效显。昔者虞舜大孝，虽善处父顽母嚚弟傲间，当其时，彼亦未尝不往于田，号泣于旻天，感于父母不以我为子、象弟不以我为兄，茫茫然其如穷人之无所归也；及乎起敬起孝，得亲顺亲，瞽瞍厎豫而天下化，傲象恇悑而有畀封人，且并其家庭万难之境而忘之矣，而不知焚廪掩井，为人子所难堪，正不知几经艰难，几经坚忍，始得辑和无间言也。禹自鲧父汩沉五行，酿祸滔天以后，始膺治水之命；而八年在外，三过不入，沐雨栉风，不敢以私恩废公义，而懈随山刊木之功；及玄圭载锡，地平天成，人第见父以水殛，子以水王，为人世未有之奇遇，不知其黄熊之祸，抱痛弥殷，干父之蛊一语，乃神禹所不忍闻者也。使禹不以尧舜之忧为己忧，天下之任为己任，覃怀厎绩，厪以博受禅之荣，则以后抚九有之尊荣，将一改土阶茅茨之观，而务崇美备，又何事卑宫室、恶衣服，力崇节俭主义哉？宋之墨翟，乃守此节俭之精神，而倡兼爱兼利之说，冀返天下以淳朴，而非乐非兵，备城守以弭侵攻，阐哲理共图实利，则神州社会学之真命脉所寄也，故世之言节俭者，必称禹墨。而足迹几遍四百州，突不得黔，犹然孔氏凄惶救民，周游七十二邦，席不暇煖之意耳，即所如辄阻，复著书立说以传其人。而墨徒百八十余人，皆可使赴汤蹈火以济物。故周秦之际言学术者，必称三宗，而老氏最无利于天下。孔之与墨，一支一质，同具左右神州学术之精神。故人生有目的焉，有精神焉。舜禹孔墨之目的不一，而同具一宏毅之精神，即其目的虽异，亦同归于任重道远，利国利民。惟其有精神，故能有成立；惟其目的为利他，而非利己，故其精神焕发，博施济众之量愈宏。精神目的，相为表里，亦相得益彰。莎士比亚曰："吾之目的为使人得愉悦。"其所著书，虽为戏剧曲本，而于德育一端，三致意焉。盖其目的在使人得真正之娱乐，故从教人以道德入手，而不若世之有文无行者，好作淫荡之词，博人一时之欢笑，而更贻人以无穷之祸也。人心世道之忧，皆以文人之行，为优俳之戏，而无圣贤豪杰之精神、利济之怀抱贯乎其间为之也。吾国历代皇帝之目的，为穷奢、为淫乐，而人民之目的，为利达、为富贵。故数千年来，上下不具节俭之精神，且但知利己，不知利人。欲心愈炽者，则乘时崛起，逐鹿中原，一旦窃国为王，则琼屋璇室，土木大兴，帝皇之多欲也；歌功颂德，因媚兹而自贵，门生故吏半朝右，而富敌国，远方贡献，死犹至门，人臣之欲也；说经则夸赅博，论文则兢华藻，被朝华而谢夕露，叛正道而攻异端，士之多欲也。其余则正如南齐范缜"万花同发，随风飘散"之说，"或拂帘幌，堕茵席之上，或关篱墙，坠粪溷之中"，生平志欲，各随所处之地位而异。要而言之，虽不敢以帝皇之欲为欲，而无不以士夫所志为志，利乐熏心，惛淫丧志，又谁怀高尚之目的、具刚毅之精神乎？至于晚进习非成是，司空见惯，已无复有斥患得患失为卑陋，予取予求为贪婪，至不齿于人类者。故为亲长者，以能得虚荣责望于子孙，而子孙无知，遂亦以能如亲长之所期，洋洋有得色，扑索迷离，一往不返，可慨也矣。其甚者，揣摹社会之心理，撮合狎蝶之淫辞，著为浮薄之文，以误人而自误，不知人生志向贵高尚，主义贵纯正，庶精神益能焕发，益有涵养。今以沽名射利之故，掇取荡无廉耻之文字，贡献于社会，坐耗一般青年万金不换之光阴，而在我笔墨之生涯，一如笑卖千金，利市三倍。八表同昏，而求一昌明正学，羽翼圣经，补救人心，辅翊世教之大文章，则朝阳鸣凤，同其遭逢，即或有之，不为明珠之夜投，抱荆山之痛哭，文教堕落，乃竟如斯，将何以救中国之亡乎？昔者英亚迭生、司蒂尔之发行杂著也，以改良风化为职志。举凡俗之轻佻浮夸者，莫不辞而辟之；其有治教而为社会所缺少者，则提倡之、鼓吹之，不遗余力。今二公且因其所著之杂著传矣。返观吾国日报杂著，充溢于市，不可谓不多矣，然有如亚司二氏所著者乎？各国政治家之演辞，皆汇印成集传诵于世，而人亦以阐扬真理、主持公论而好读之。至今英盘克美林肯以及各国诸爱国政治家之演辞，朗诵之下，生气勃勃，如亲口吻也者。吾国有之乎？海通以来，爱国者鉴于欧西诸国之强，中国之弱，亦既戚戚然忧，蒸蒸然虑，谋所以变法图强矣。废八股，改策论，废科举，立学校，设立报馆，以启民智，改行新政以谋自强，所以求教育之普及者，不谓不至矣。然而科举虽废，入学校者，先问进身之资；帖括虽亡，为文章者，仍属雕虫之技；以新闻记者自命者，非寒蝉仗马，委曲求全，即琐碎支离，充塞篇幅。至于政局，则名为公仆，仍作子孙万世之谋；庶人在官，即占升官发财之梦。断头之将军何在？私战勇而公战怯，亡国之大夫何多？食人禄者祸人国。中央各部之职权，偏讲派系；地方行政之手续，不外金钱。为民除害，利在国者，害可听其仍在民；为国图强，纵敌一时，初不计及数世害。然则福民利国之宣言，尽忠报国之矢誓，诚如唐神尧之所谓掩耳盗铃耳，自私自利，固万变而不离其宗也。不然何皆不能相扶相助，出生民于水火，系国祚于苞桑，而必倾轧攘夺，顾地位而不顾国家，致涂炭生灵，国势日削乎？由是可见，前之变法，犹未揣其本，而徒齐其末。故虽枝枝节节，为之似不甚易，而变本加厉，国与学且因之而亡矣。夫人无精神，则饱食终日，无所用心，一遇沮丧，便尔放废，不知于死中求生法，亡中求存法，扩充现前五分钟之热心，收获最后五分钟之胜利。中国人之事事健忘，着着退步，好以草率敷衍了事者，盖由于数千年来之积习使然，已非一朝一夕之故矣。今如聚一盘散沙为一团精神，凝结之爱力既少，恶劣之习性又如此，爱国者犹不探其疾病之源，谋所以改弦而更张之，乃涂抹形式，以冀有成，何其不思之甚也。

　　窃尝论之，我国秦汉以前，不乏豪雄慷慨之气、醇厚质朴之风，舜禹孔墨之见义勇为当仁不让，如上节所说者，固已昭昭在人耳目。其余如伯夷之廉、伊尹之任、姬昌之才艺、屈原之忠爱，有一于此，苟能昌明而实行之，自足招祖国之魂、巩灵长之祚，何患不能与列强争胜乎？独是全国国民，经数千年在上之压抑、在下之熏染，冥行索提，流荡忘返，长夜梦梦，不复闻有暮鼓晨钟。是以先知先觉之士，虽大声疾呼，亦不过得似是而非之变革，于振衰挽颓之计无与。今则朝锐逸而暮气复乘，内病去而外邪忽入。英雄失路，亦窘于日暮途远，不惜为倒行逆施之徒，竖子成名，遂不胜志高气扬，激而成行险侥幸之习。而宦海归帆之老名士、从龙劝进之大伟人，或放浪形骸，以兆民膏血为其供养之资；或尚恋栈豆，以高级职官为其优闲之地。至夙昔之或主保守，或主进取，以顽固维新两派之头衔辉映当世者，今则观其设施，在彼博得姜桂之性老而愈辣之名，在此则百炼之钢化为绕指，居然笑骂由他，好官自为矣。船山云："薰莸并御之朝廷，不如水火相争之士气。"今之在上者，吾甚佩其有绝大融化之魔力，冶新旧为一炉，齐智愚为一体，形成一君子之无所争。然试问尚有士气哉？盖士气者，学问以养之，道德以齐之，名节以励之，廉耻以激之，而刑赏且不与焉。一言以蔽之曰：立人类之大本，昭治国之大经，而不屈不挠、不淫不移之真精神所寄也。故操之以贞胜，私利可以不营，而艰难可期共济。谁或使之，孰令致之？万方一概，不惜与吾说相背驰者，竟如是其甚欤？无精神、不揣本之祸，固必至此也。今发愿唤醒国魂，振作精神，则除恢复固有，引鉴列强，探源塞流，按部就班为之，我国学终不能复兴，文教终不能复盛；而国之命运，亦飘摇不定，不知所届。然见地固须真确，而施行则不得不赖群策群力。前人大声疾呼，其效果可见者甚微，未尝非孤立无助、所见不广有以致之。此吾所以谓重振文教，亦当用广义教育之策也。

广义教育，有纵横二义。纵者，人人皆为教育家，以教育国民，灌注常识，唤醒国魂为己任；横者，处处为教育地，为实验场，为学校，为讲坛，俾全国国民无一人不得教育之益，文明程度由下而上，由卑而高，常识皆具，精神恢复是也。孔子曰："三人行必有我师焉。"今请下一转语曰："三人行吾必为师焉。"一国之中，知识有广狭，程度有高下，固无待言矣；即一社会中，若农若工若商若兵，识见不一，程度亦至不齐。学校为教育之地，程度本不一致。家庭之中，行者守者，相助为理，以同化而言，似可免程度之轩轾矣。然而夫妇胖合，不尽为学识相当者，兼以子女婢仆，大半无知，故家庭之中，程度实最参差。朋辈往来，订金兰之谱，连鱼水之欢，似亦可志同道合，相印心心，无识知高下，意见差池之分矣。不知他山之石可以攻玉，朋友本函切磋之意，多闻多见者，吾人固当引以为同心。然此有所短，彼有所长，择善而从，下问不耻，颜子之学，所以直曾参之追忆者以此。况人心不同，有如其面，所见不一，所思即异。广义教育云云，本非以上临下，如师父之对子弟乎。吾人一日所遇，既随地随人，程度高下不一，当如何虚心纳诲，转益多师，并不吝所知，昭示来学，热心以教育他人为事乎。夫泰山不让土壤，故能成其大；河海不择细流，故能就其深。吾人之怠惰废学，及学非所用，其效果已如今日之可悲。若更拒谏饰非，自满自溢，执政者既不速谋普及教育，以与国民相更始，而吾民并不善自为谋，善自为学，急起直追，举凡一切公德私德，政治实业诸问题，于人人执务稍间时，博学审问，慎思明辨，以互相讨论，互相折衷，视若一身一家同等急务，则数年之后，故我依然，怠惰恣肆，举身所托庇之国是，一任他人拨弄，而礼让孝敬，不能实行，家庭隐忧，有增无减，咳吐便溺之私，且不能自节，不惜招人恶厌，惹人耻笑，国学沉沦，国魂澌灭，精神荼疲，不克有为。驯至土宇版章，日蹙百里；主权实利，分赠列强。一国元首，顿成退院之僧；五族同胞，无异丧家之狗。起视一国教育权，亦成强国战利品，而操诸非我族类者之手，加入保护国条例之内，规定一盗贼憎主之教育法程。蟹行文字，尊若斗山；虾夷语言，篡入课本。先圣希贤之国粹、六籍百氏之文章，覆瓿当薪，不复能睹。祖龙之手段再见，挟书之禁令重申。追原祸始，嗟何及矣。抑在施之者，以谓此上国之美意；而与为同列者，亦视若灭人之国，必先灭其语言文字，而代之以胜利者之语言文字，乃一种应有之设施。我虽欲屏弃不学，研几祖国之文词，如往者泰西旧教徒，压抑于异教权力之下，于空山密室中，由少数人之集合，一诵赞其遗言往训，而亦不可得矣。此吾所以每清夜扪心，剧怜同胞之梦梦，忧伤悲愤，发提倡广义教育之宏愿，而望邦人士庶，急起直追，虚己以受人，且诲人不倦，冀力挽沧海之回澜，重光神州之教育也。虽然，吾人散聚，各因其类别关系而不同，故四万万人，虽同为一国之国民，而家族亲朋邻里会社，裂为无数小团体、小区域，即函有无数小界限，往往北燕南越，老死不相往来。此非惟我国为然。关系有亲疏，执业有不同，情不能强人使接近也。

故今吾欲实行广义教育，亦不能执途人而告之曰，汝无常识，当勉为学；并家喻而户晓之曰，吾侪无国家思想，国且就亡，今速当改辕易辙，以国利民福为前提，而间接可自利自福。盖以若所为，求若所欲，则非惟我无其力，我无其时，所谓每人而悦，日亦不足，人亦将以为迂阔而远事情，目笑存之，而以吾言为河汉矣。惟我有家焉，我有亲戚焉、我有朋友焉、同学焉、同事焉、相识之邻里焉、信从之同胞焉；我有笔，我能书焉，我有舌，我能言焉。我有发语之时间，我有登台演讲之机会，或谆谆以劝勉之，或切切以告语之，或侃侃而谈，开诚布公以谂之。无人无地不可以入我之言，即无时无语不可以行我之学。是我虽不能户户而说之、人人而告之，目力似有限，而我之发表意见，起人信仰之机会，固属不少也。且我所有之机会，有人所万不能有者。譬如吾之父母，路人不能无故以广义教育进也；吾之兄弟姊妹，苟非家族之亲长，学校之师友，亦无人能教以应有之常识也，而我皆能为之。人之于其家族亲友亦然。

  故无论狭义教育、广义教育，苟欲有效，决非能托诸少数同有家累、同存私利之人。必也人人以教育普及为要图，力行之而不遗余力，心藏之而不杂私心，国民程度庶几如升高，如行远，必有登峰造极之一日。诚以因人人所有之机会，用各不同，而功可相补，分之则所及不广，合之始普遍全国，矧物以类聚，人以群居，势固不能强之使同，抑正利其有此不同而善用之也。一人之能力既如此有限，而机会又如彼其多，即就我个人而论，责任何等重大。我之范围以内，既非他人势力所能及，则我若放弃机会，不尽我应尽之责任，则凡在我范围以内之人，永不能受广义教育之益，即常识永不能灌注，品行亦何从善良，爱国之思想必无推放皆准之一日。过此以往，中国永无教育普及之时，而转欲驱无爱国思想之国民，而谋群起救亡之策，宁有幸哉？推其原，不过由在我一人，未尽其应尽之责，为遍国中凡为我者倡，致中无一尽责之人，即国人不受广义教育之益，其遗害乃至是耳，则甚矣不明责任及不知尽责之为害也。或曰：我国自政体变革以来，险象环生，疮痍满目，重以国丁积弱之余，外有方强之寇，主权坐丧，国本动摇，扶危定倾，先事治标，是今日吾等所当注重者，乃陆海军及实业等事。迨国威既张，国库既充，然后乃徐图生聚教训。为势既不顺，不将事半功倍乎？呜呼！说者之言似矣。岂知普通之知识不有，即爱国之思想不生，爱国之思想不生，即立国之精神孰寄？辛至举国之民，一举一动，倍极恶劣，均无义勇奉公之气概，以谓兴亡理乱，与吾侪小民无关系。缘是实业科学无补时艰，陆师海军不为国用，且动辄受人之耻笑，为人所利用。变法以来，国人以自由而益恣肆，以自尊而益傲慢，以独立而益涣散，以爱国救亡为口头禅，以利国福民为誓碑术，而益思自富。害在公众，利在个人。练兵而益谋拥兵，胜则为王，兵败则为寇。究之自上至下，以个人论，无不受行新法之益，惟国家独蒙其害。彼承数千年来之积习，习非不知其非，故不能以亡国大夫等名词，为发聋振聩之铎，徒深其笑骂由他，好官自为之心耳。则若辈心目中所存者，惟"私利"二字，以为私利即遂，世事已了，不知有国，更何爱之强之兴之哉？若是者，果变法之无益有损乎？抑行之未得其法，致害缘法以滋生乎？夫救国之策亦多矣，有鉴于从前之失败，慷慨之言者曰："吾国人之徒知私利，固由于爱国之心薄弱，然而救国之策，实在于人人之能尽其职分之所当为与否。苟使吾国下至公民，上至总统，皆能爱惜时日，勉尽其则，则不转瞬间，实业以勤而发达，政事以勤而整理，国亦于无形之中以勤而富强矣。"是说也，初闻之，未尝不振振有辞、娓娓动听，然说者亦安知国民之不尽责任乎？天演公例，优胜劣汰。人于社会之中，苟不自尽力，则必处于被淘汰之列，流为无业游民，冻饿流离，辗转至死而后已。故小民未尝不尽力也：桑麻菽麦，不勤耕则不得食，金银币帛，不操筹则不能赢；官吏未尝不尽力也：公事不熟，则无由得美差，治理未当，则不能久留于其位。此即种瓜得瓜种豆得豆之说也。小民官吏，既皆尽其责任矣，而国仍不强，乃说者犹倡其说不已，岂非种瓜而思得豆，种豆而并思得瓜，操豚蹄而为满篝满车之祝哉。须知国虽聚民而成，而国事自国事，人事自人事。人人之责任虽尽，终是尽人事。唯人人心爱国之心，事爱国之事，始国人所尽责任，无不动关国计矣。抑吾国吾民，素以苶敝不振著。不振作者，无精神也。以无精神故，多存固步自封、知足常乐之心，平日之所以尽力，由于不得不自了。今不使振作精神，而欲勉其尽力，何异图南而北顾乎？吾国民又素以无常识故见讥于人，以最最上流社会之人，独不以随意涕吐便溺为怪，公德更无论矣。此可以见人人尽责，足以救国之说不确。而广义教育为因时制宜之策，非好立新异以惊人也。虽然，吾亦尝实行广义教育于亲戚朋辈中矣。课余闲语，家庭聚谈，苟遇机缘，跃如矢发。公德也，国魂也，博爱也，视国事如其家事，蠲私利以求公利，言时无不乐听之。即有厌闻者，亦以名目甚大，不敢与较；迨分散之后，则又鄙吝复萌，前言都忘。其差强人意者，亦不过以心服某某有远大思想一语，作吾前语之答案而已；其下者且目笑存之，以为痴人说梦也。良以吾国人久无国家思想，从未筹及国是，胸中非横梗治国不易一语，即存不干己事之心。故当言时可与之为片面之讨论，而决不能为通盘之筹算，可与之断章取义言之，而不可持全局以与为商榷，不然彼非敬谢不敏，即曰苦无闲时。呜呼！国固非吾民之国乎？昔以放任之故国事托之于二三自营为私、不知背私为公之人，致国以积弱，民以重困。今且亡矣，乃犹抵死不悟，求一回光返照之虚景而亦不可得，吾真不知所税驾矣。故曰：凡欲以实行广义教育自任者，第一不可无毅力；其次不可不有忍耐心，且当因时制宜，因势利导，不迟回以贼事，不躁急以偾事，自居于有言责者并因人因地因时而异其言，勿执一概之论，以驭情势之万殊，至碍投机事业之进行；最后不可存私幸心，当知吾未来效实收获之时，即吾从前储能贯彻之时。人间世断无无因之果也。抑凡事以玄理观之，则知芸芸众生，皆摸索于烟雾尘障中。其败也，固不必惜、不足惜；其成也，真不必骄、不足骄。则分寸常安，天下事可运诸掌上，或可有成矣。然一入哲理家之眼光，其为得为失、为成为败，因果固甚分明也。广义教育之目的，固在普及教育于全国，使一般人民，常识皆具，品格皆高。然其善良之效果，则不止于此。请申论之。吾人于同一时间内，固不能兼及数事；然以一日最短少之时间，偏具有应变万方之能力。事若甚奇，而实则人人皆具此等之能事，且皆若有天赋以应付此能事之适当机会。其任剧理烦、事较忙碌者，虽至繁赜，然必有暇晷，以显其游刃有余之才能，如英儒斯迈尔《自助论》中所云。以志乘时，犹风过隙，有隙必入，分秒之微不能越。故人病无志耳，果有志矣，不病乎其无暇也。若荒唐淫逸，无所用心，复群居终日，纵博恣饮以为乐，徒耗寸金一刻之光阴，于百无一用之地。若是者，无志耳，岂无时哉？世界人类皆有之，而以吾国人为尤甚。今输以普通知识，教以自修之法门，乘可为之时间，直追勿失，玩索学理，研究政治，启发其固有之精神，人人知所以自助，而不入乎自欺，则不数年后，民智既新，习惯既久，精神来复，痼疾尽消，人具强毅之气概，世无不可为之事。其对付国是也，无不如谋衣谋食之急切。知河清难俟，来日大难，苟有闲暇，绸缪牖户宏济艰难之不遑，更不作呼卢狎邪之消遣，以自居于无良，且共扼腕于"四方有美，我独居忧，民莫不逸，我独不敢休"，息息焉为内政外交之准备，俨然作在野政党之中坚矣。故学说朋兴，政见潮涌，报纸不作无为之谈，人民共负匡时之略。因之民选之政府，真能以福民利国为荣，而不以肥己瘠民为事。上下一心，政事修明，输将者有人，舍身者有人，毁家者有人，救国者有人。武士健将不为个人所利用，而为国家捍御外侮；政党政客不为一部分人谋进身，而惟以贡献切实可行之政见为务。流风格被，遐迩修心。自今以往，凡在其位谋其政者讵仍泄泄其行，不知四郊多垒，乃卿大夫之辱乎？则效臧洪剖心之誓，国家垂危，永矢孤忠；凡无官守、无言责者，宁复悻悻而去，不知地广大荒而不治，亦士之辱乎？纵赋赵壹穷鸟之文，君子虽违，不适忧国。凡我国民半数之亲爱女同胞，亦思小戎女子亦复知兴，而斯巴达立国之精神，未能专美乎？凡我举国一致之义勇军国民，亦思置兔之野人均知卫国，而法兰西救亡之政策，端在齐民乎？推而上之，凡长各部者，均务本身作则，国奢示以俭，国俭示以礼。知卫文公务财训农，通商惠工，必以大布之衣、大帛之冠为倡。凡为元首者，真能负辱任重，国耻足以振，物耻足以兴。知越勾践十年生聚、十年教训，始复男为人臣、女为人妾之仇。要之，朝野上下，知有利他，不知利己；对外有争，对内无争，即其争也，亦为公心、为正理。故成败利钝不计，而热心救国不衰。科学实业等，亦因国人有勇往猛进、不折不挠之气概，能吸收固有，发明所无，追随先进，启发后来，制造日新，行销日广，富国裕民。国力既张，乃渐能与列强相提携、相扶助，谋人类之幸福、世界之和平。大同主义，不倡自人而倡自我，真不愧为古文明国哉！读者勿笑吾言为虚诞，等于哲家之所谓乌托邦、释家之所谓涅槃界也。吾国地大物博，人民众庶，且精神本壮，二千余年之衰弱，不过犹贲育之偶沾微恙，苟有良医为之针治，则气机一旦流通，自觉头脑清爽，精神畅快，跃跃欲试矣。吾民之不知爱国，不有常识，且怠惰不振，由于失学失教，此犹孩童之不知勤俭，品行不修。苟有良师严父教之，自能力学力行，爱亲敬长，重道尊师。今吾有民有土有国，而民有闲暇、有思想，若不教之利用闲暇筹谋国是，则一国发表政见者盖寡。政见不多，即不能集思广益，臻治道于上理，而一国政权，且常为二三好事者所把持，而比其直于丐者之喜弄蛇，吾罪不滋重乎？传曰："天不为人之恶寒而辍其冬，地不为人之险恶而辍其广，君子不为小人之匈匈而易其行。"天有常度，地有常形，君子有常行。君子道其常，小人计其功。吾苟能不计其功而道其常，且不以小人遇事匈匈、横生阻力而易其行，效孟母三迁教子之法，习夏禹九载治水之劳，真实劳苦强毅坚忍，实行所谓广义教育，十余年后，中华民国宁不能为乌托邦，宁不能超涅槃境乎？

广义教育有纵横二义，既言之矣，又有浅近深远之别。为势甚小，所及不广，浅近之谓也。上节所述人人为教育家，在在为教育地，固已属于广义的教育；然一人之所及有限，机会不多，能力极薄，故虽为广义教育，犹浅近的而非深远的也。深远云者，势盛力普，易于济世之谓也。在实行时有浅深远近之别，而其能得教育普及则一。此犹人之赋秉，有生知学知困而知之之别也。然人非智即愚，生而已然，未由自主。至一国之内，则可以施行广义教育之浅近深远两机关，同时存在。行其浅近者，斯浅近矣；行其深远者，斯深远矣。浅近之效，由上所言已尽。请更进言其深远的广义教育可乎？吾人之机会及势力，皆若有以限之，因有大小多寡之不同。一家之中，成丁之能力倍蓰于孩提，因能言与不能言也；而家长之势力，必尤优胜于普通之成丁者。一校之中，班次稍高之学生，较能有为于程度稍逊之学生，是固然矣；然其可乘之机会、有为之势力，万不能及教师之多且大，以较校长，则更瞠乎后矣。今以实行广义教育言，校长教师，既日有与多数学生亲近之时，故其机会，几无日无之。又以其地位为教师、为校长，闻其言者，莫不尊之信之。讲学谈道之际，对于社会之公德，对于国家之爱力，在在有连带之关系。苟能纵论之，其势力之所及，即广义教育之力之所及。以视学生课余朋辈偶语，得失奚啻天壤耶？一国亦然。大总统为全国人民所推戴，即为全国人民所尊崇。语云："登高一呼，众山皆应。"大总统有形无形之势力、直接间接之机会，其数之多、其势之顺，皆非其余一切官吏所能及。吾侪小民，虽声嘶力竭，以事提倡，较之登高顺风而呼者，亦不过如杯水螳臂耳。闻者疑吾言乎？则请举上文历引古帝明王、先圣昔贤之事，而为之晋一解。夫尧舜禹汤文王，所谓天佑下民，以作君而兼作师之权者也。故化民成俗，其必由学之道，类皆克己躬行以为天下倡，而不分其责于人。人若孔孟者，虽切梦寐东周之怀，陈反手王齐之效，而斧柯不属，即不能孤行其志，而必责望于当日之诸侯，然犹曰孔孟所主者，乃伦理教育与君主行政为向心力者也。若子墨子者，以兼所爱兼所利为宗趣，明明为社会教育，而与君主政体为离心力矣。乃七十一篇中，历举王公大人为政于国，君人民、治社稷之道（见

《尚贤篇》）。而《天志中篇》且言天之所以爱民之厚，而以王公诸伯使之赏贤而罚暴为一大端，其故可知矣。而吾之论广义教育，必推言及深远，而不拘之以浅近者为已足，正为是也。人有如许之才能，则当尽如许之力，以为人类谋幸福，决不可以自弃自暴。若专以之遂私利，及残贼同类，则卑鄙龌龊，何足道乎？一国最尊最荣之大总统，若不能利用其所有之势力机会，以造福人民，则虽内政粗安、外交无失，亦为未尽其天职。广义教育之意，不但为随人随地可施教育，且函随事随时可谋普及教育之义也。吾国迟迟不开国会，及不实行地方自治，说者佥云人民政治知识太低，尚不知所以自治之方，故不稍事迁就，给以可贵之自治权，使有美锦学制之伤。殊不知经验非练习不可得，程度非教育不能高。国民不能自治，正当以自治诱掖之，去其依赖政府之习惯；国民无国会议员之资格，当即开国会，使之从事阅历，渐养成其政治知识。不然世界各国人存政举、人亡政息之惨剧多矣。将来万能之现政府既退职，吾侪仍是无能力无知识之齐民，将何以为政府诸公继，以竟现政府未竟之责乎？作者亦非谓当以政学也。以政学者，犹稚子之操刀使割，其伤实多。国会议员当选者，须有一定之资格，非尽人皆得为之；即自治云云，亦非使人民尽为地方自治局之职员，或地方议会之议员也。资格既有规定，推选手续必繁。苟得其法，虽美国行之于未成省之属地，及菲列滨岛夷之间，亦不为害；苟不得其法，则法兰西至今犹未得有强大之政府。而谓吾国之民，不如美属之民之岛夷，吾不能信也。故吾国会之不开、地方自治之不实行，良非由于人民之无程度，实因政府之惮民党之激烈者侵犯其职权，束缚之、驰骤之，所谓恶其害已而去之也。虽然，为政府者，乃出此因噎废食之下策，亦可谓无能矣。塾师决不能以学童之强顽，而摒弃不教，因我不教之，谁将教之？使人人畏难苟安，尽如我法，则中国今日，当仍在草昧未开、文教未敷之时代，谁能使峻德克明，万邦协和，黎民于变，而致时雍之化者？而况仁人之心，忧乐动关天下。一夫不获，寸衷如有殷忧。当身居白宫，手握万机之事，不竭其力、尽其能，以为人民谋增进幸福，将待何时乎？大总统当开国伊始，受人民之推重，于任期之内，能使国基巩固，民社灵长，幸也；不能，亦必谋使民智渐富，民力渐充，庶将来继起有人，进行一致，国本无动摇之虞，政本之地有修正而无更张，不致新旧嬗递之间，动致纷扰。故今国民中，苟有自私自利之徒，我愈不可抑压人民，不开国会。议员所议决者，苟与事势有违，或有侵及行政或司法之权限，不妨以大总统应有之否决权，申明理由，赤心争之，退还议会；争之不得，亦不稍灰心，不稍沮丧。一事如此，他事亦然。我苟于任期之内，不偏私、不自利、不揽权、不尸位，议员虽恶劣，虽卑鄙，终无如我何。若不免，则尽忠如林肯，犹死于非命；威武如拿氏，亦不得善终。我诚笃信好学，守死善道，所谓苟安社稷，死生以之者，则当受任服务之始，固已守此以身殉国之主义矣。求仁得仁，又何怨乎？如是则国会一届未终，议员已皆感念大总统之赤心为国，不作无谓之辩论与害于其政之议决，莫不愿与行政司法开诚布公，共济时艰矣。此以国会为陶铸人才之洪炉，而议员皆铜与灰耳。广义教育之深远者，此类是也。人苦不得其位，不能为国鞠躬尽瘁；人苦机会不多，无从力行善政。得其位矣，机会多矣，乃不知竭尽其能事，随时随人随地随事，以教育人民为归墟，而徒营私自利，或玩忽时日以废弃之。人皆有死，心死于待尽之前；谥曰至愚，论定于盖棺之后。此则可谓痛哭流涕者矣。

第四章　康大习经济探究国策，暨南执商科求有精神

一、求学康奈尔大学，服务环球中国学生会

1915年，高阳赴美国康奈尔大学攻读经济学。

康奈尔大学于1865年在美国纽约州创建，早年留美的许多中国留学生曾不辞跋涉，前往就读。康奈尔大学的华人校友包括胡适、茅以升等，梁思成、林徽因、冰心、徐志摩等人也在此学习和生活过。1915年，中国留学生任鸿隽、赵元任、杨杏佛等曾在康奈尔大学成立中国科学院的前身——中国科学社，并创办了《科学》杂志。《科学》创刊号由留学生在美国康奈尔大学编辑，由上海商务印书馆在国内正式印刷发行。这是中国首份横排向右，使用标点符号排版方式的刊物，自此，国内第一次有了一本正式的"以传播世界最新科学知识"的杂志。1918年科学社迁回国内。

高阳在康奈尔大学求学时期，喜欢探究人生的意义，常参加时事讨论会，与师生共同探讨解决中国实际问题的方案；同时还担任过国内沪地各报馆的在美通讯员。

在《全国报刊索引》中可查到，1920年环球中国学生会成立十五周年纪念册中的"赞助本会最力者"之中有高阳，并附有照片，这也是后人目前唯一能见到的他这一时期的照片。环球中国学生会是清末中国留学生的全国性组织，1905年7月成立，会址在上海，对五四运动在沪的深入发展起过积极作用，也曾热忱支持一大批有志青年赴法勤工俭学。

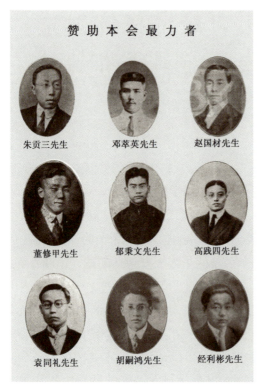

1920年《环球中国学生会成立十五周年纪念册》23页——赞助本会最力者：高践四先生等

此图为左图中高践四先生照片放大

获得文科硕士学位后，高阳游历美国南方各州考察榨油工业等，1918年3月途经旧金山等地回国。唐文治先生写过一个故事，说高阳"赴美国康乃尔大学，研习法制经济，得硕士学位。游历彼邦，携一木质小斧归，人咸讶之，则曰：'此购自华盛顿城，作为纪念者。'盖华盛顿少时伐木，误砍其父所植樱桃树，其父怒询谁砍，华盛顿惧而以实告，其父喜曰：'汝诚实不欺，吾不复责汝矣！'"①。

高阳回国后，"认定人生应先求自立，更进而廉洁自持，以服务于社会。故返国后，舍弃以父亲关系引入外交部工作之机会，而自请上海环球学生会介绍，以月薪七十元之微薄待遇，执教于暨南学校。入校时，自肩

---

① 唐文治. 无锡高君践四家传 [M] // 田晓明. 高阳教育文选. 苏州：苏州大学出版社，2012：363.

行李书物，布置卧室，日常生活，概自躬处理，不假手校工"①。

从此，高阳投身教育事业，在暨南学校工作了六年。暨南学校是我国很早开展华侨教育和商业教育的学校，包含高等教育、中等教育和女子教育等。高阳选择了这所学校，且凭借自己的认真精神参与了学校的教育管理，对华侨教育和商业教育都有深入的思考和探索，这段职业经历也为他后来执掌高校积累了经验。

二、执教暨南学校，参与筹办商科大学

"暨南"二字出自中国第一篇区域地理著作——《尚书·禹贡》："东渐于海，西被于流沙，朔南暨，声教讫于四海。"意即面向南洋，将中华文化远播到五洲四海，这正是创建暨南学堂先驱们的愿景。1905年，清政府派代理两江总督端方等大臣分赴东西洋考察宪政。端方从欧洲归国途经南洋，深感海外华侨的爱国情深及开展华侨教育的刻不容缓，因而开始着力推动各地华侨就地兴办学堂，培养子弟。清政府也多次派遣官员赴南洋调查学务，形成了海外办学的高潮。但是由于师资和教材不足，且教学质量不尽如人意，华侨父老希望能送子弟回国读书。前往南洋调查学务的官员也鼓励华侨子弟回国读书，允以官费待遇，由此端方奏请清政府获准，1906年开始在南京筹建暨南学堂。1907年3月23日，暨南学堂在南京正式开学，首批南洋归国学生21人，原籍大多为广东。暨南学堂的开办在海外华侨中产生了积极的影响，掀起了华侨学生回国求学的潮流。暨南学堂人数不断增加，至辛亥革命爆发前，在校学生已有240余人。

辛亥革命爆发后，学校师生的安全因南京战乱而受到威胁，大部分侨生回了南洋，1911年10月，暨南学堂停办。战乱平息后，教育界知名人士和海外华侨一直呼吁政府恢复暨南学堂，1917年，时任江苏省教育司司长的教育家黄炎培先生前往南洋调查华侨教育情况，推动了复校工作。教育部委派黄炎培为筹办员并会同规划校务。在黄炎培等人的努力下，1918年3月，暨南学校正式复课，并更名为"国立暨南学校"。9月，国立暨南学

---

① 梁漱溟. 高践四先生事略[M]//田晓明. 高阳教育文选. 苏州：苏州大学出版社，2012：358.

暨南学堂初创

校举行了开学典礼,时有华侨学生 70 人、内地学生 40 人,共 110 人,学科主要集中在师范和商业两个方向。高阳就是在 1918 年来到学校任事的。此后,学校在黄炎培职业教育思想的指导下开始筹划扩展商科,为创办商业高等教育,学校将目标转向商业发达的上海。

国立暨南学校在 1918 年恢复时即开设了商科,根据南洋华侨从事商业的实际需要设置为中等专业。黄炎培先生认为这商科"名谓中等,则固类似高等",因其课程设置完备,任课教师多是当时不可多得的人才。但此举仍不能满足南洋侨商事业迅速发展的需要,于是在 1919 年,学校又开始规划扩展专门性的高级商科。1920 年 3 月,黄炎培和学校开始筹划迁沪及设立商科大学的工作。1921 年 2 月,国立暨南学校商科首先从南京迁往上海徐家汇,借用上海松社的场地办学。学校与热心此事的华侨商学界人士几经会商,拟定了创设商科大学的计划书,并得到江苏省教育会、上海总商会和学校校董张謇等著名实业家的支持。计划书抄送到南京高等师范学校时,该校正在筹备改办国立东南大学,主事者杨杏佛也在为该校商科扩充为商科大学而拟订计划。两校筹办商科大学的计划书先后呈送到北京北洋政府教育部。国立东南大学计划的商科也打算在国际贸易和商业繁盛、名流学者云集的上海择地筹办，但因缺乏基础而感到困难。而国立暨南学校的商科此时已从南京迁到上海徐家汇，既有宽敞的图书馆和校舍，又聘请了知名的师资，但又遇到经费不足的困难。于是两校协商决定合办商科大学以相辅相成。

1921年春，国立暨南学校校长柯成懋与国立东南大学校长郭秉文联袂赴沪，会同上海商学各界名流，推选出黄炎培、黄奕住、史量才、聂云台、张嘉璈、朱进之、陈光甫、张子高、穆湘玥、钱新之、简照南、高践四、赵正平以及柯、郭两位校长共15人组成上海商科大学委员会，负责筹办事宜。校名拟定为"国立东南大学、暨南学校合立上海商科大学"，推定郭秉文为校长，聘请马寅初为教务主任、教授；租赁法租界霞飞路尚贤堂为校舍。9月28日，"国立东南大学、暨南学校合设上海商科大学"正式开学，这是国内第一所商科大学。

此时上海真如（地处普陀区中西部）的新校区开始建设，真如虽处乡间，但距市区不过10余里，环境幽静，地价不高，且有沪宁铁路经过以及建设汽车站的规划。1923年夏末第一批校舍建成，可容纳师生500余人。在上海徐家汇松社的商科师生首先迁入新校区。9月初，南京本部的师范、中学两科男生全部迁入，上海真如校区成为校本部，学校很快拓展了商科大学部和中学部及女子部。至1927年，国民政府将国立暨南学校升格为国立暨南大学。抗日战争爆发后，学校在1941年迁往福建建阳，抗战胜利后于1946年回迁上海宝山。1949年8月，学校并入复旦大学、交通大学等高校。中华人民共和国成立后，国立暨南大学于1958年在广州重建。

高阳在国立暨南学校任事的1918年至1924年，正是学校在南京复课又迁入上海，商科得到大发展的时期。1935年2月《江苏教育》第4卷1、2期载高阳《三年来之中国乡村教育》一文后附作者小传中提到，（高阳）先生"历任国立暨南学校教授、学监主任、教务主任、商科主任、商科大学主任"。在梁漱溟先生的文中则有这样的叙述："旋主持暨南商科，以办事认真，管训严格，深得学生之畏敬，其后真如暨南商科大学实于此时树立基础";"计前后任事暨南六年,所办商科人才辈出,知之者皆谓先生之力云"①。

据 1923 年和 1924 年《经济汇报》载,高阳曾任国立暨南大学经济研究会第四届名誉顾问和第五届名誉会员。《经济汇报》创刊于 1923 年,是由国立暨南商科经济研究会编辑、国立暨南学校商科发行的不定期出版经济刊物,1929 年 10 月停刊。另据《暨南周刊》1925 年第 8 期"商大消息:演讲汇志"载,曾邀请前商科主任现任校董高阳先生来校演讲"战事之心理与补救的方法",这表明在高阳离开暨南学校之后的一段时期内,学校仍与他有较密切的联系。

国立暨南商科大学经济研究会老照片

三、吾人办学亦不事敷衍,而求有精神

1920 年,高阳到国立暨南学校任职两年左右,曾在《中国与南洋》(1918 年在南京创刊)发表了《普及华侨教育之关键》一文,其中阐述了他对普及华侨教育的认识和观点。

---

① 梁漱溟. 高践四先生事略 [M] // 田晓明. 高阳教育文选. 苏州:苏州大学出版社,2012:358.

高阳在文章中写道，"吾华同胞侨居国外者遍五大洲各国，而以南洋各地为最多……南洋华侨子弟，应有一百万人，此一百万青年华侨，皆吾国从事华侨教育诸君之好材料也"，"华侨之数虽多，然在各国非受人轻视，即受人虐待，且从无握当地之实权者，虽云由于吾华国势孱弱，然华侨程度之低下而无教育，实亦为一大原因"。

分析了普及华侨教育的重要性之后，高阳阐述了他对普及华侨教育的关键所持的观点："欲求华侨不为外人所虐待、所轻视，欲保存并增加华侨之爱国热忱并使在南洋百万华侨子弟皆受教育，非速谋普及华侨教育不可，而普及华侨教育之关键，在于观感二字，苟有观感心，无事不可为。"

《中国与南洋》

何谓"观感"？高阳解释道："观感云者，观四周之现象而生感悟，因感悟而更变吾行动，或改良吾方法是也。"我理解其意是说，对别国先进之处须善观察，观察之后须做比较，比较之后须思感触，感触之后须思效仿。切不可对自己的落后无动于衷，故步自封，不思进取。

最后，高阳勾画了普及华侨教育的愿景："今设从事华侨教育者，有观感之心，能多取于人以为善，则虽无何种特长，必能于短时期间内，使华侨教育普及。盖使外人注重教育，吾亦注重教育，外人至少必令其子弟受国民教育，吾亦至少必令吾子弟受吾国之国民教育，外人办学不事敷衍，而求有精神，吾人办学亦不事敷衍，而求有精神，外人于教育求应实需，且兼重德育与体育，外人所办初等及中等学校，有何种程度，其毕业生，有一定能力，吾所办之初等及中等学校，亦求有同样程度，所有毕业生，亦求有同等能力，凡外人进一步，吾亦进一步，则吾人所办学校之数必不少于外人，而学校精神与程度又无差异，吾知华侨同胞必乐令其子弟进本国人所办之学校，且入学读书者必渐多，欲求教育之普及不过数年间事耳。"① 由此文可见，高阳对如何推进华侨教育有过认真的思考。

作为国立暨南学校的商科主任，高阳对商业教育亦有一番见解。1922年，高阳撰写的《中国商业教育之前途》发表于《教育与职业》第 35 期（《教育与职业》由黄炎培先生创办，1917 年创刊），该文阐述了他的商业教育观。他在文中分析了商校学习与商店学徒这两个阶段的必要性，其不同的学习内容和相互依赖的关系，"学校学生及商店学徒为青年进商界必经之阶级，学生乃学徒之预备，预备愈充，学徒之成功愈有把握"，"故商业教育近则可为青年进商界之预备，远则能造就有智识及远大目光之商家"。高阳还指出："现在海运及国际汇兑，吾国皆依赖外人，而物品之仰给于外人者，不可胜数，商场牛耳为外人所执，金融为外人所采纵，吾国人常仰其鼻息，感其不便，而不敢与较，未尝不因未受商业教育，缺乏商业知识，组织能力，故虽有志振兴商业，挽回利权，而不知如何着手也。然则中国商业教育之前途，诚未可限量。将来国人生计宽裕，衣食丰美，将由商业教育增进之，亿则屡中，多财善贾，将由商业教育促进之，若夫与外人贸易，能事事独立，而不依赖他人，能交换利益，而不为操纵，尤须赖商业教育为基础也。"②

高阳在国立暨南学校任事这几年，家中又添新丁。先是二女儿出生但早殁，1919 年 5 月，高阳的三女高庠玉（1919—1999）出生。高庠玉是我的母亲，后来亦投身教育事业，做到中学、大学校长，尽瘁教育。1920 年，高阳的次子高文藩出生；1922 年，又有四女高润玉出生。

---

① 高阳. 普及华侨教育之关键 [M] // 田晓明. 高阳教育文选. 苏州：苏州大学出版社，2012：16.
② 高阳. 中国商业教育之前途 [M] // 田晓明. 高阳教育文选. 苏州：苏州大学出版社，2012：18.

第五章　守父孝践遗愿培植乡梓，倾家产办教育明德力行

　　高阳的父亲高秋荃少年时家贫失学，一直为此遗憾，因此他支持儿子高阳读到大学毕业并赴美留学。高阳在留美归国之前，曾到美国南方等地考察榨油工业，由此看来，父亲本是希望他回来留在家乡继承家业的。此外，高秋荃成为实业家之后，在家乡创办一所学校、解决家乡孩子读书难的问题也成了一件他放不下的心事。

　　高阳回国后虽然选择了自立并未从商，但从事教育事业的他更加理解了父亲期望在家乡办学造福乡梓的意义。1920年2月，高秋荃先生病逝，时年52岁。高阳在为父亲守孝的同时，决心实现父亲遗愿，捐赠父亲留下的家产，在无锡创办一所新式中学，培植乡梓青年。这时高阳践行的"孝"，并不是简单地顺从父辈，而是一位有教育情怀的知识分子的为孝理念。

　　决心已定，高阳先与继母张氏商量，再同其他家庭成员商量，大家一致同意，这一年夏天即开始筹备。高阳首先聘请唐文治、薛南溟（名翼运，以字行，中国近代著名政论家和外交家薛福成之子，无锡商界联合会会长，无锡丝厂业之首）、薛学潜（字毓津，薛南溟之子，北洋军阀政府期间担任过江苏省议员）、钱孙卿（社会活动家，时任无锡县自治促进会副会长，1949年后曾任江苏省政协副主席、民建中央委员）、蔡兼三（曾参与创办无锡庆丰纱厂）等十余人组成校董事会，讨论决策相关事宜。

　　在讨论学校的名称时，有校董提出叫"秋荃中学"以纪念高秋荃老先生，被高阳辞谢；又有校董提出叫"高氏中学"以示由高氏出资所建，又被他坚辞；最后高阳提出叫"无锡中学"，表示捐赠建设此校纯粹是为地方培育人才。校董们为高阳立意为民的决心所感动，一致同意，于是无锡

中学宣告成立，将公历 5 月 23 日定为校庆纪念日。后来报江苏省教育厅备案时，由于学校为私人出资所办，教育厅在校名前加了"私立"二字，称为"私立无锡中学"。"私立无锡中学"的校名一直沿用到 1952 年底，无锡市人民政府接办"私立无锡中学"，改称"无锡市第三中学"。

  1920 年秋，私立无锡中学暂借无锡西水关马氏宅第开学上课，同时筹备购地建造校舍。学校在无锡南门羊腰湾购农田 16 亩，计划建造教室、宿舍、实验室、食堂、办公室及操场等，当时地价是每亩 350 元。可是后来 16 亩面积不够，拟再添购十余亩，不料此时地价一涨再涨，一直涨到 700 元一亩，翻了一倍，大大突破原来的建校预算。校董会商量报请政府限价征购，然而高阳不同意，他认为农民是靠土地为生，办学校本为造福于民，不该对农民施压，影响与农民的关系。

  既然选择不限价，就只有增加资金。此时，由于国外较先进机器榨油技术的引进，国内不少榨油厂濒临困局，高氏的主要家产大有油厂已面临败落。大有榨油股份有限公司是 1902 年由朱葆三（曾任上海总商会会长）在上海创办的，清末时期大规模扩张，购置机器，但从 1911 年开始由于资金不足，只得以货物向日商押款，由日商经营货物仓库。而后由于各国榨油技术的进步，大有油厂的大量老式机器在榨油成本上竞争力不足，导致油厂经营一直亏损，直至 1921 年因不堪负债宣告破产清理。所以在 1920 年末时，大有油厂的股票实际上已经一跌再跌，所值无几。

  面临经费危机，为继续建校，高阳又将自家在无锡三里桥的同昌棉籽行和通汇桥高顺昌奢坊的全部资产卖掉投入兴学，但经费仍然不够，这一境况恐怕是高阳决心捐资办学时未曾预料到的。处于进退两难间的高阳，此时说服全家人做出了一个常人难以想象的艰难决定：卖掉上海宜昌路大有油厂附近面积约 1 200 平方米的"高公馆"花园洋房，以及无锡的自家住房。如此，前后筹得五万余银圆。1923 年春，私立无锡中学终于迁入新址。新校址启用时，高阳又捐赠给学校一部二十四史和其他书籍，还有红木家具和他自己喜爱的一个大地球仪。

私立无锡中学校门
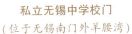

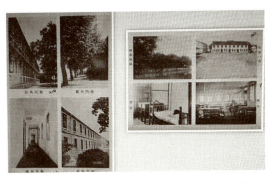

1982年《私立无锡中学校一览》中的校园校舍图

私立无锡中学建成后，高阳坚决不当校长，只作为校董事之一。有人提出在校园中树立高秋荃铜像，但高阳认定不沾名利，凡与"高氏"有关的纪念活动一概拒绝。校董会当时聘请了德高望重的著名教育家唐文治先生出任校长。唐文治先生原任上海交通大学的前身——上海工业专门学校校长，1920年4月，因眼疾辞去上海工业专门学校校长职务，回到无锡前西溪寓所养病。唐文治先生长子唐庆诒本是高阳留美同学，唐文治先生在无锡休养时听蔡兼三谈起高阳秉承父亲遗愿为家乡办学的义举后十分感动，欣然接受了聘请，自1920年5月起兼任私立无锡中

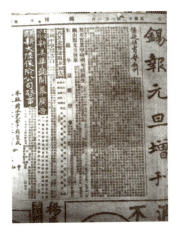

1923年元旦《锡报》刊登私立无锡中学迁居羊腰湾新校舍暨增招插班生告白，迁校日期定于元月20日

学校长，一任就是十年。为了表示对高阳倾家兴学的敬重，唐文治先生任职十年分文不取，全然是尽义务。

学校初开办时，据说第一届学生只有7人，而开班上课，课程设置和相应的教职员工却不能少，于是高阳从自己在国立暨南学校任教的400元薪金中拿出钱来支持学校，教师大受感动，主动减薪10%以渡过难关。高阳从未将学校看作私产，后来他自己的弟弟高明和儿子高文凯、高文尹以及几位亲属在私立无锡中学上学时，一切学杂费用全部照缴，无任何特殊

照顾。唐文治和高阳的办学精神影响了全校师生，教师兢兢业业认真教学，学生刻苦学习，使得学校美名传扬。教育家黄炎培为学校题写校名，当时的民国大总统徐世昌特赐一匾，上书"劝学敬学"四字。

私立无锡中学的学生渐渐遍及江南和苏北各县市，甚至浙江、广西、贵州等省份也有学生来此读书。当时有文形容：那时羊腰湾农田围绕，学校"宅南方位，离正当阳"，"面临运河，绿水淙淙，长堤千尺，树荫婆娑"；河西岸碧绿的菜畦中，南禅寺高塔黄墙；再远处锡山惠山，遥遥在望；真乃"龙山在望，古塔夕照，无市尘之喧扰，有田园之风光，洵是学习之场所，攻读之胜地。每当月白风清，读书声，欸乃声，相互交织，别是一番境界"。①

私立无锡中学创办之前，无锡仅有辅仁中学一所完全中学，但其为教会所办；而私立无锡中学是无锡历史上第一所全凭自身有限实力创办的完全中学。当年建校时的一块奠基石据说现在还可以看到，石上署名的是校长唐文治和校董会董事长薛翼运（南溟），作为创办人的高阳未留任何痕迹。我想这就是20世纪初一位中华儿女对父亲做出承诺的分量，就是一颗爱家乡、爱民众、爱教育之心的分量吧！对高阳兴学颇有研究的无锡市第三高级中学老教师张大年先生认为，高阳实践父志，毁家以兴学，知者故称"私锡中"为"教孝之校"；其实，高阳之孝已远非一人一家之孝，而是对国家、对民族之大孝。私立无锡中学的创办宗旨体现了立校为公、造福乡梓、振兴民族的可贵精神。

在倾家兴学之后，由于上海和无锡的房产几近卖光，高阳全家于是到无锡三下塘租赁房屋居住，并且仅靠他一人教书的薪水抚养全家，包括高阳的继母、夫人和年幼的两儿两女。好在全家老小都理解办学是件利在千秋的善举，并无怨言。

这就是在无锡传颂至今的高阳"毁家兴学"的故事梗概。高阳的子孙之后都未定居无锡，大多远走高飞，长辈也并不向子女炫耀此事，所以包括我在内的不少孙辈都是很多年之后才知道这个故事。我至今只去过无锡

---

① 唐孝先. 高阳创办的私立无锡中学［EB/OL］. (2018-09-17). http://www.360doc.com/content/18/0917/12/15648038_787355305.shtml.

两次。第一次是中学时代，随母亲回沪探亲期间同亲友一起到无锡短时游玩，当我站在望不到边的太湖湖畔时，顿时被震撼到，久久不愿离去。第二次是在 2009 年清明前，我应邀参加"无锡籍大学校长论坛"，参会的竟有数百位大学校长，才感知无锡的人文和教育底蕴之深。那次借参会空隙拜访了无锡市第三中学，并为外公扫墓；三中师生对高阳创办学校的感念以及外公墓前摆放的鲜花令我至今难忘。

又过了几年，无锡电视台记者因制作讲述高阳为家乡"毁家兴学"的节目，专程来唐山采访高阳后人。和记者交流过程中，我对他说，在感慨外公兴学义举的同时，我并不赞同高阳"毁家兴学"的说法，而认为说高阳"倾家兴学"更相宜。外公孝敬父母，关爱妻小，怎会行"毁家"之举！我想他在实现父亲遗愿、造福乡民的同时，本意也是不想仰赖父亲家产过活，认为坐吃前辈家产不利于儿女成长。只是办学过程中事态的演变出乎意料，而技术进步导致传统行业的衰落亦是个人难以左右之势，于是他才倾尽了家产，但也义无反顾。当然，外公的书生之"迂"也确实通过此事显露无遗，可叹外公虽学经济学却没能在这里派上用场。此外，我还不赞同高阳兴学使"子女未受到'良好'教育"的说法。虽然据我所知，由于当时只靠外公薪水维持一家生计，家境拮据，加上后来日本侵略的战乱，外公的子女或是没进大学，或是没上完大学，甚至青年早逝，但是他们从小在父母那里得到了良好的言传身教，继承了良好的高家家风，读书时都曾努力学习，经历困苦生存下来后，也都逐渐成就了一番事业，无愧为高阳后人。

附 1

无锡中学校舍落成记

唐文治

锡邑襟带太湖，山水清嘉，人物秀美；顾当沪宁之冲，人心随风俗而变，俭者浸以奢，实者浸以浮，正者浸以陂。余与邑之贤士窃忧之，拟设中学一区，撷中西学之菁华，崇尚道德，以端人心风俗之本。会庚申岁邑商高君秋荃病殁于申江，疾亟时，昭其子阳曰："吾经商数十年，志在读书兴学，培植故乡子弟，区区遗资，非所敢惜；虽然，吾非为私也，为公益计也。尔其毋忘吾志。"阳涕泣受命。余及门蔡君其标闻斯事，欣然曰："是吾师之夙愿也。"亟绍介高阳君来见，余甚嘉之。高阳君爰属蔡君筹备壹是，并延余任名誉校长。其秋赁屋于邑西马氏宅，招生徒，定规则，次第就绪。溯秋荃君非私立之意，定名曰"无锡中学"。白诸邑宰，而省而部，皆报可。开校之日，高阳君偕母氏并挈其弟、若子来观礼，述先人遗命，谓："今者斯校幸而成立，为吾父之遗愿也。虽然，吾父非有所私也，力有不足或半途而废，愿乡父老相与维持协助，以遂吾父之志也。"言此泣数行下，其母氏亦泣不能仰视，在座咸动容焉。顾马氏宅湫隘，一年后生徒已不能容。高阳君乃白母氏，捐资二万金，浼邑绅薛南溟君相地于南郭外羊腰湾河畔，辟地十六亩，卜筑讲堂校舍，鸠工庀材，规模大启。自辛酉孟冬以迄壬戌岁杪，工始蒇，而建筑之款，不敷甚巨。高阳君又劝募称贷以继之。癸亥春诸生徒始迁居受业。同人属余为记。余惟人心之所以不泯者，公而已矣；风俗之所以日厚者，孝而已矣。孟子曰："中也养不中，才也养不才"，"君子莫大乎与人为善"，言公之至也。又曰"谨庠序之教，申之以孝悌之义"，"人伦明于上，小民亲于下"，言孝之及也。古圣贤所以明德以新其民，力行以新其国，皆由是道也。苟教者常本此意以为教，学者常本此意以为学，又安往非大中至正之轨乎？然则斯校之设，于人心风俗或不无稍稍裨益矣。后之君子有能继起扩充，无背乎斯校之宗旨，不特秋荃君九京所深感，抑亦吾乡同志所引领企踵俟之者也。至是役之成，捐资暨督工诸君，高风劳勚，均有足多者，并书姓氏于后，以劝来者。时在癸亥春正月，邑人唐文治谨撰。

（选自无锡市第三高级中学建校 100 周年（2020 年）编印的《高阳先生纪念册》）

第六章　本主张中国公学丕变，
　　　　　任新职钟爱民众教育

1924年10月，苏浙军阀为争夺上海地盘爆发战争，真如惨遭兵劫，300余幢房屋被烧毁，国立暨南学校真如校园也几乎被抢掠一空。高阳在这一年的秋天离开了国立暨南学校，来到他的中学母校——吴淞中国公学任教。

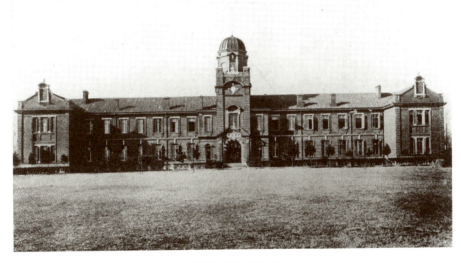

吴淞中国公学校舍

吴淞中国公学自成立后，在孙中山的扶持下，已经发展成为包括文、法、商、理四院17个系的综合型大学，并增设了中学部，梁启超曾任董事长。1915年，北京国民大学与上海吴淞中国公学合并称中国公学大学部。1917年，这个中国公学大学部又改名中国大学迁入北京，同年，上海吴淞中国公学停办，但在1919年上海恢复了中学部，1922年又升为大学。高阳来到这里，将其在国立暨南学校的执教和管理经验因地制宜地加以运用，史料记载，他自1924年至1927年间，曾任中国公学的总务主任和教务主任。梁漱溟先生称赞他"在中国公学四年，一本其过去主张以施教，不为任何阻碍所屈，一时校风为之丕变"①。

高践四《论办学者应有之精神》局部

高阳曾于1925年在《中国季刊》（1925年12月1日创刊于上海，由中国公学出版部负责编辑、发行，每季末月一日出版一期）首期发表一篇题为"论办学者应有之精神"的文章。文章首先解释了何为学校公仆并指出："有职者必有权，故曰职权，有职者亦必有责，故曰职责；但知有职权，可使人骄，若知有职责，可使人谦和而努力。"接下来，高阳从对于教员及同事、对于学生、对于学生家属、对于社会与国家、对于学校、对于用人行政等六个方面阐述其办学理念，阐述了作为校长、各科主任及校董来说，都是办学者，而"办学者第一应有之精神，乃自视为公仆而努力尽其职责"②。

同年12月19日，环球中国学生会敦请时任中国公学大学部教授兼总务部主任的高阳演讲，题为"世界潮流之趋势"，到会者二百余人。

1927年，高阳奉命赴招商局任职，当时正值北伐战争，招商事宜很难推进，于是转过年来高阳便辞了职，南下广州，任广东省政府秘书。不过，仅几个月之后的1928年秋天，高阳就又离职了。想来，一是高阳并不喜欢也不适应做官，二是他教育救国的心志又遇到了历史机缘，这一次他又回归了高等教育事业，而且回到了无锡。

这一次的机缘，与当时高等教育和民众教育发展的形势密切相关。1928年前后，国民政府的教育行政在蔡元培主持下仿效法国教育制度，中

---

① 梁漱溟. 高践四先生事略［M］//田晓明. 高阳教育文选. 苏州：苏州大学出版社，2012：358.

② 高践四. 论办学者应有之精神［J］. 中国季刊，1925（1）：17.

央实行大学院制,各省实行大学区制,江苏省是首先实行这一制度的省份之一,由国立中央大学校长张乃燕兼任江苏省的教育行政长官。大学区设置高等教育、普通教育和扩充教育等处,而唐文治先生的大儿媳,即唐庆诒教授的夫人俞庆棠女士受聘为国立中央大学教授兼国立中央大学区扩充教育处处长。

俞庆棠女士是一位很了不起的教育家,1897年出生于上海,中学时便主张普及教育,五四运动中创办平民夜校,1919年赴美留学,曾受业于杜威博士。从哥伦比亚大学毕业后和未婚夫唐庆诒一起回国,在无锡结婚,并在私立无锡中

俞庆棠女士

唐庆诒先生

学和上海大夏大学等学校任教。1925年,孙中山逝世时的遗嘱写道:"余致力国民革命凡四十年,其目的在求中国之自由平等。积四十年之经验深知欲达到此目的,必须唤起民众及联合世界上以平等待我之民族,共同奋斗。"这"唤起民众"的思想深深影响了俞庆棠,她立志要从事民众教育事业。1927年,国立东南大学等江苏省9所专科以上学校合并为国立第四中山大学,1927年6月,俞庆棠受聘担任国立第四中山大学教授兼大学区扩充教育处处长。1928年,国立第四中山大学更名"江苏大学",同年又定名"国立中央大学"。俞庆棠即为国立中央大学教授兼国立中央大学区扩充教育处处长。

1928年5月,在南京召开的全国教育工作会议通过了《实施民众教育及确定社会教育案》,确立了民众教育的地位,之后教育部又发布相关制度使其正规化;1928年6月,江苏省政府组织了"民众教育设计委员会",民众教育一时在各地蓬勃兴起。俞庆棠任职大学区扩充教育处处长后,计划建立一个比较完善的民众教育体系,以民众教育馆、农民教育馆、图书馆、民众学校等社会教育机关为普及与提高民众文化的场所。为了培养民众教育师资和社会教育行政工作人员,她多方奔走,努力筹集经费,于1928年3月在苏州创办了"江苏大学区民众教育学校"并兼任校长;同年

6月，江苏大学区更名中央大学区后，此校改称"中央大学区立民众教育院"，院址迁至无锡荣巷，聘请赵叔愚担任院长。

赵叔愚于金陵大学农科毕业后赴美留学，回国后曾与陶行知一起提倡乡村教育，因此出任民众教育院院长一职比较合适。不料，赵书愚接任院长职务后才几个月竟不幸病故。此时俞庆棠想到了高阳，因为她的公公唐文治先生为高阳创办的私立无锡中学兼任校长，而她的丈夫唐庆诒与高阳又曾是同学，互相都很了解；且高阳是无锡人，并已有多年的大学任教任职经历。于是，俞庆棠向江苏省政府力荐由高阳继任院长。1928年10月，高阳从广东回到无锡，出任中央大学区立民众教育院院长，兼筹建劳农学院。从此，民众教育成为他毕生钟爱的事业。

赵叔愚

1924年、1925年和1928年，高阳的三子高文尹、五女高瑾玉、四子高文赐先后出生，高家已是四儿四女（二女早殇）的大家庭。

高阳夫妇和四子高文赐
（摄于1934）

高阳三子高文尹

高阳五女高瑾玉

第二卷

投身民众教育事业，执掌江苏教育学院

（1928—1937）

第七章　民众教育固民治基础，劳农教育重科学实践

一、黉舍弘开，学子莘莘

1928年10月，高阳出任中央大学区立民众教育院院长。1929年春，中央大学区行政院基于农事教育的重要性，又设立一所中央大学区立劳农学院，专门培养农民教育的实施及指导人才。由于民众教育院与劳农学院两校事业相互关联，因此设立在同一处，并由高阳兼任院长。

中央大学区立劳农学院校徽

高阳出任院长后，即以3万元购得东吴大学附设实验中学在无锡社桥的全部校舍校园和场地，作为民众教育院的固定院址，劳农学院设在同一地。1928年秋，学校从苏州迁到无锡。迁入新址以后又陆续增盖校舍，购置图书设备，同时扩充场地以开辟农场、牧场及各实验区。两院开办初期共有学生200余人，生源均由江苏本省各县保送，毕业后可回县担任民教馆、农教馆、图书馆等社会教育机关的职务和师资。

高阳从此将全身心奉献给了学院的事业和师生。正如他在1929年为院刊《教育与民众》撰写的发刊词中所抒胸臆："教育之目的，在使受教育者成社会的能员"，"故从社会的或个人的立足点而言，皆当提倡教育，而尤当提倡民众教育"，"欲达此宏大之志愿，本刊同人固当竭其绵薄，努力

从事","风雨如晦,鸡鸣不已!"①

　　1929年秋季,大学区制取消,两院改归江苏省教育厅直辖,称江苏省立民众教育院、江苏省立劳农学院。到了1930年夏,遵照教育部令和大学组织法及大学规程,两院合并成立"江苏省立教育学院",但招生不限于江苏省,由高阳任院长。这是中国第一所专门培养民众教育事业人才的高等学校。

高阳任院长时的江苏省立教育学院教学楼(位于无锡社桥)

　　出任江苏省立教育学院院长之后,高阳亲自为学院的院歌撰写了歌词,抒发他和师生的共同理想:

　　惠山之麓,梁溪之滨,黉舍弘开,学子莘莘。教育农事,力求专精;手脑并用,坐言起行。习劳耐苦,克俭克勤,进德修业,锻炼身心。

　　服务社会,忠信笃敬,亲民新民,建设乡村。发扬吾华,民族精神;爱好和平,济弱扶倾。世界大同,人类文明,促进之责,是在吾人!

---

①　高阳.《教育与民众》发刊辞[M]//田晓明.高阳教育文选.苏州:苏州大学出版社,2012:19.

《江苏省立教育学院院歌》（高阳作词）

江苏省立教育学院院徽

二、手脑并用，坐言起行

江苏省立教育学院作为专门培养民众教育事业人才的高等学校，在国内当时是具有开创性的，没有先例，没有范本，一切需要在实践中探索。1932年，高阳应邀在齐鲁大学做演讲时，曾详细介绍了江苏省立教育学院当时的办学概况，演讲稿整理后发表在当年的《教育与民众》期刊上。依据这篇演讲内容，可以回顾江苏省立教育学院的办学宗旨、主要学科专业与课程，以及这所大学围绕民众教育开展的重农崇实、颇具特色的实践探索。

办好一所大学，首先要确立其办学主旨。江苏省立教育学院设立的主旨有两条。第一条：养成民众教育的服务人才；第二条：研究民众教育学术。用现在的专业话语来说，就是围绕民众教育的人才培养与学术研究。

江苏省立教育学院开设民众教育和农事教育两个学系，并设有民众教育和农事教育两个专修科。高阳深信：要想救中国须从下层工作做起，打好稳固的根基。民众教育和农事教育就是一种最重要、最切实，也最有效率的下层工作。当时，学院的入学资格要求高中毕业或有同等程度，各学系修业年限为四年，专修科为两年。学生男女兼收，分县额与公额两种：由江苏各县教育局保送投考的是县额生（每年每县可以保送两名），费用由教育局津贴；凡自由投考的是公额生，不分省别，费用由自己负担。

由于学院主旨是服务于民众教育的人才培养和实验与学术研究，其性质与一般教育学院有所不同。国民政府的"大学法"并没有关于民众教育系科的规定，当时西方各国也很少有类似的学制与课程可供仿效。因此，其系科设置和课程编制无经验可循，需要在借鉴国内外类似学科及其课程设置的基础上，边实践边探索。

学院开设的课程分室内课程、实习和社会服务三类。

第一类室内课程包括五方面：

基本学程：党义、国文、外国文、自然科学、心理学、伦理学等。

社会科学学程：政治、经济、法学通论、合作组织及运动、地方自治、乡村社会学等。

教育学程：教育史、教育概论、民众教育、成人学习心理、各国成人教育等。

专门学程：农政学、园艺学、图书馆学、体育场管理法等。

技能学程：音乐、图画、幻（灯）术、演说学、看护学等。

这五类课程接近我们现代大学的公共基础课、专业基础课、专业课和专业技能课。

第二类实习的工作是每个学生必须做的。高阳认为，有些学生擅长口头和笔头功夫，发表意见、草拟计划信手拈来，但若叫他们去实行便要束手无策。所以，教育不能脱离生活，学校对理论和实习要同样看重。学校规定本科学生实习工作须达到 24 学分，专修科学生实习工作应有 12 学分，目的就是要把教育和生活融合起来。

实习方式是由五人或十人结成一组，分头赴学院附近四里路以内各村庄工作；以民众学校、民众茶园和民众教育馆为中心，借此做教育推广的工作，工作时间从下午六时半起到九时半止。学生每天按时出发按时回校，逐渐习以为常，即使是在寒冷的雪夜或节假日的晚上，学生也仍然照常做实习工作。有一年，国立北平大学教授来校参观，看见学生们这样热心工作，毫不懈怠，非常佩服。另外，见习也是学生实习的一部分工作。学生除了自己做民众教育实施的工作以外，还要到教职员所办的民众教育实施机构去见习，以扩大自己的经验。学生实习时要求教师们随同学生出发，每日三人，检查学生的工作进行状况，必要时给学生以相应的指导。

江苏省立教育学院各系科学生所应修习的学分数统计表如下（表1）。关于各年级学分的分配、总数及计算方法等，都依照教育部所规定的办法办理。

表1 江苏省立教育学院各系科学生应修习学分数统计表①

系科别	组别	学程				共计	实习		论文	总计
		必修		选修			教学实习	农田实习		
		普通必修	本系必修	分组选修	普通选修					
民众教育学系	社教行政组	51	24	12-20 8-12	28-16		20		2	145
	乡村教育组	51	24	12-20 8-12	28-16					
	图书馆组	51	24	12-20 8-12	28-16					
	健康教育组	51	24	12-20 8-12	28-16					
	艺术教育组	51	24	12-20 8-12	28-16					
	科学教育组	51	24	12-20 8-12	28-16					
农事教育学系	作物组	57	33	12-16 8-12	22-10		16	4	2	145
	园艺组	57	33	12-16 8-12	22-10					
	畜牧组	57	33	12-16 8-12	22-10					
	农业经济组	57	33	12-16 8-12	22-10					
农教专修科		51		19			8	2		80

原江苏省立教育学院毕业生张家成曾回忆他的学习经历，他说，江苏省立教育学院是培养民众教育服务人才的，要求学生学识渊博，一专多

---

① 高阳. 江苏省立教育学院之过去与将来[M]//田晓明. 高阳教育文选. 苏州：苏州大学出版社，2012：204.

能，特别要求学生了解国情、省情和所在地情况，以便服务有的放矢，为民众办实事，而不致流于假大空。因此不管学民众教育或农事教育，首先都要学"社会学及社会问题""经济学及经济问题""社会调查与统计"等课程，这些都是普通必修课。他是学农事教育的，不但对农业科目有兴趣，对这些社会学科也很感兴趣，并见之于行动。

1931年底，上海《新社会》半月刊（胡愈之为主编之一）公开征文，题为"任作一个社会调查"。当时张家成很感兴趣，在寒假中冒着寒风，有时还夹着小雨雪，在惠山与火车站之间调查了一百多名人力车夫，写成《无锡人力车夫生活调查》，如期寄去，经评定获征文第一名。张家成还忆起，他读完三年级后在学院实验区实习，高院长亲自跑到实验区来为学生讲"乡村建设"课程，讲课时常启发学生提问题讨论。这一学期结束前，高院长派他和王璋、叶蕴贞、虞杏林三名民教系四年级学生去山东邹平乡村建设研究院，听梁漱溟先生讲乡村建设。行前，高院长还找他个别谈话，要他此去除听梁先生讲课外还要学习梁先生为人处世的雍容态度，语重心长。后来，张家成在1934年毕业后，经高阳院长介绍去了广西南宁国民基础教育研究院工作。

三、亲民新民，建设乡村

当时，在江苏乃至全国开展民众教育的内容和目标主要有以下六项。

（一）公民教育——注重陶冶人民的品性及训练人民的政治能力，使他们成为良好的公民。

（二）生计教育——注重增进农工商及其他各业职工之知识和技能，使他们的生产力增加，生计宽裕，生活改良。

（三）文字教育——注重铲除文盲，使人民不必依赖他人，而有利用文字做工具，以吸收新知识，互通书信和发表自己意见的能力。

（四）健康教育——注重发展个人的体魄，提倡公共卫生，减低疾病率和死亡率，使人口增加，个个有健全的身心。

（五）家事教育——注重改善家庭经济，并建成整洁、美观、朴素、舒适、和乐的家庭，以期充实人民的生活。

（六）艺术教育——注重造成优美的环境，培养欣赏的能力，提倡正当的娱乐，陶冶性情，促进文化。

在1928年至1929年中央大学区立民众教育院和劳农学院初成立时，设置的课程并不多，学生上课一年半之后即分赴各县实习。1930年江苏省立教育学院成立后，农业教育系科的课程体系编制大致参考农学院校各系的课程，并加上一些教育学科课程，而民众教育系科的课程体系都须重新编制。一般教育课程内容参考一般教育学院的课程；民众教育课程则按照公民教育、生计教育、文字教育、健康教育、家事教育、艺术教育等六项，开设如民众文字教育、民众生计教育、民众健康教育等课程。其中一些课程内容在开始时还有些空泛，之后随着对民众教育对象和需求进行的调查和实验研究逐步深入，积累了资料和经验，民众教育的教学内容逐渐充实起来并形成特色。

高阳认为，民众教育覆盖的这六种教育应当相辅而行，才能达到改进整个社会的目的。各地方民众生活的需要不同，有的应先从文字入手，有的要从生计入手，这样才能获得民众的认同和信任，并引起他们的兴趣。还应结合四季的气候，有时适宜施行健康教育，有时可偏重生计或艺术教育，这样才能适合民众的需要，而收事半功倍的效果。譬如俗语说："谷雨前，好种棉。"因而学院在谷雨节前就要进行改良棉种的工作。总之，"实施民众教育，应当因人、因地、因时、因事而异，就民众生活的需要出发，渐渐地达到改进整个社会的目的"①。

---

① 高阳. 江苏省立教育学院工作概况［M］//田晓明. 高阳教育文选. 苏州：苏州大学出版社，2012：69.

江苏省立教育学院及国外实施民众教育

1929年江苏省立民众教育院/劳农学院
巡桥民众茶园附设民众学校摄影

松江县第一民众教育馆巡回
教育队在叶榭工作时情形

附1

《教育与民众》① 发刊词

高践四

教育之目的，在使受教育者成社会的能员（Social Efficient Member）。此说颠扑不破，以其兼顾社会与个人而立论也。夫社会与个人相依为命者也，人而不能为社会之能员，则社会解体，而人亦不成其为人。谚所谓"辅车相依，唇亡齿寒"者，其社会与个人之谓乎！今世民治主义盛行，社会与个人之关系愈密，而期望个人为社会的能员之心亦愈切。民众教育者，将借各种教育方法，使人人皆成为社会的能员，且随时世之递进以增进其能力者也。故民众教育为民治主义之基础，推行民众教育可使民治基础巩固；提高民众教育程度，可使民治基础愈巩固。民众教育与民治主义之关系，其密切如气候寒暖之与寒暑表之降升，寒则降，暖则升，毫厘无爽。故从社会的或个人的立足点而言，皆当提倡教育，而尤当提倡民众教育。

本刊主旨在研究民众教育之学理及实施方法。就时间言之：目前所当施行之民众教育，与十年二十年以至百年后所当施行之民众教育必不能相同。然现在与将来不同之点果何在乎？就方法言之，国内早经提倡之职业教育，平民教育，社会教育，及东西洋提倡之成人教育，民众大学，社会服务科，及大学推广部等，皆为民众教育所当采用，与民众教育有密切关系。然关系之密切果至如何程度乎？更就现在之民众教育言之，宜偏重消除文盲乎？宜就社会日常生活实施训练乎？宜利用旧有教育机关以推行民教乎？抑宜专设民教机关乎？应行研究之问题，以上不过略举一二，此外关于民众教育学理及实施方法应讨论之问题，不可胜数。本刊对于各种民教问题，将一一提出，尽量讨论，以期归于至当，对于民教有永久之贡献。欲达此宏大之志愿，本刊同人固当竭其绵薄，努力从事；尤望海内外教育家念民教之重要，群起研究，予以指导也！"风雨如晦，鸡鸣不已！"谨为热心民教之教育家诵之。

（原载《教育与民众》第 1 卷 1 期，1929 年 5 月）

---

① 《教育与民众》创刊于 1929 年 5 月，终刊于 1948 年 4 月，由江苏省立教育学院创办。每期约十万字，发行两千余份，当时被认为是国内社会教育的权威刊物。

 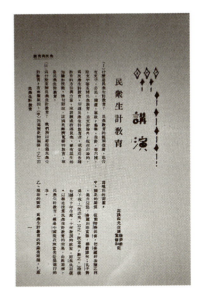

《教育与民众》刊载的高阳文章

附2

回忆在母院五年学习生活

周登道

我今年77岁了。回忆起半个世纪前在无锡的学习情况，很有趣味。那时学校在农业方面的设施可说是完备的。除原有的校内百亩良田之外，在校外还买了许多田地和山头。建筑了大的温室，置办了农产品加工的机器设备，消毒牛奶可以更多地送到无锡市民的家中，新品种的蔬菜水果年年增加，所以那时学校的饮食是丰富多样的。

校门外面因为有河流的缘故不能利用，学校的创办人俞庆棠老师动员她的嬢嬢捐助了一笔钱，建造了一座桥，于是学校在河南建起了新的猪舍，养了世界上各种有名的种猪和我国的土种猪对比杂交，我们选读畜牧学的同学就负责管理。刘同圻老师教园艺学，提倡种石蜡红，这的确是世界上有名的花种，不仅开花的时间长，而且容易繁殖，比种月季花方便多了！

我的母校很注意社会实践。除校内各种教学设施以外，还在无锡城乡办了不少的社教设施，供我们参观实习，我在专科实习是在南门民众教育馆，在本系时则在乡间的惠北实验区，惠北实验区范围很大，在锡澄公路西侧，与附近的几家农场鸡场都有联系。如"无锡菱"就有我们无锡教育学院的功劳。在种植上、收摘上、合作贩运上我们都曾花过力气。学校农场养得最多的鸡是白色的来克航鸡，每年的产蛋量可达到三百只。

  在我续学以后，校内又建筑了一座大的新图书馆，雅典式的大柱，雄壮了我们的母校。到今天虽经过战火的洗礼，还依然以宾馆的身份矗立在社桥头上。我记得从旧图书馆把大量的图书表册搬到新馆的时候，没有用任何工具，全部是师生一起排成长队用双手传递去的。

  我们的操场范围也很大，有名的短跑名将刘长春曾来我校做过短期训练。足球场上绿草如茵，这是农科师生的功劳。学校很注意同学的早操锻炼，每天清晨由体育老师王庚带领认真做一刻钟的体操。全校师生不做早操的人数很少，吸烟的人数也很少。全校的道路两旁都有绿树覆盖，校门口的一棵雪松更是引人注目。校内几幢教职员工的宿舍外面都围绕着四季常青的石楠树，每当春夏之交，石楠大量开花的季节，真是香气扑鼻。农场上栽的百合花，花虽美而不香。青年时期的生活是丰富多彩的，当我回忆到在母院的学习生活时，心头总是感到美滋滋的。

  （选自1992年编印《艰苦的探寻——江苏省立教育学院校友回忆录（续集）》，此处有删改）

第八章　大师云集为办好大学，群星闪烁呈独具特色

办好大学需要大师。引进高水平的教师、建设高水平的教师队伍对于办好大学至关重要，也是大学校长的重要使命和首要任务。江苏省立教育学院成立以后，高阳聘请了许多高水平的学者和专家来校任教。童润之先生在1987年写过一篇文章，其中曾提到学院当时的师资状况："自开办到抗战开始之间，先后受聘来院任教或任部门工作的教授有：俞庆棠（研究实验部主任）、孟宪承（教务主任）、雷沛鸿（成人教育）、李蒸（比较教育）、刘季洪（民众教育）、古楳（乡村教育）、陈礼江（教育心理）、王倘（乡村社会学）、陈友端（教育心理）、赵冕（社会教育行政）、甘豫源（民教概论）、童润之（农业教育），以及农艺、园艺、畜牧、兽医及农业经济专家如顾复、刘同圻、张照、臧广田、王企华等，又电影、播音专家孙思毅、陈汀声皆一时之秀。各方来之学者不下四百余人。"①

由于学校聘请教师是为民众教育（亦称"社会教育"）培养人才的，所以高阳对他们的期望也很高，不仅要求学识渊博，更要修养高尚。1932年，高阳应邀到山东省参加教育问题讨论会，他在会上做了一篇题为"谈社会教育"的讲演，其中讲到，办社会教育的人应有五种修养：其一，办社会教育的人应有大的志愿；其二，办社会教育的人应有浓厚的乐趣；其三，办社会教育的人要有主观的目的和客观的手段；其四，办社会教育的人应视自己为受民众教育之民众；其五，办社会教育的人要有不折不挠的精神。

参照童润之先生介绍的江苏省立教育学院教授名单以及有关史料，这

---

① 童润之.俞庆棠与江苏省立教育学院［G］//苏州大学原江苏省立教育学院校友会.江苏省立教育学院校友会丛刊第一辑《人民教育家俞庆棠与江苏省立教育学院》，1987：13.

里将部分学者生平以及他们对教育特别是民众教育的贡献介绍给读者（因年代久远，已很难找到一些学者的相关史料）。希望读者能留下这样的印象：江苏省立教育学院这所大学曾经拥有力量雄厚的、高水平的教师队伍，他们不仅学识渊博，而且为民众教育事业辛勤耕耘；其中不少教师后来成为知名学者、著名教育家，成为专业领域的著名专家，为国家为人民做出了很多贡献。

一、树立大志愿，民众教育事业成就多位教育家

江苏省立教育学院校友甘豫源先生曾跟随高阳院长工作九年，在回忆高院长的办学方针时，他认为高院长力主扩大社会教育的阵容，力求在全国创新发展。甘豫源先生讲到这样一件事："在优秀毕业生频频外放，实验工作频频易手时，我向高院长诉苦。高院长对我说：'我们不能关门办学院，势力孤单了，国内社会教育很难发展。'李云亭先生是赵叔愚任院长时聘请来院主持实验的，高院长和李先生相处不多久时曾对我说，李先生大才雅量，将来有大发展。果然，不久李先生出任北京师大校长。雷沛鸿先生博学深思，为李宗仁所重视，高院长聘雷先生来院任教二年多，（雷先生）到广西推行国民基础教育。陈礼江先生曾任江西省教育厅厅长、广州中山大学教授，高院长聘他来任教，接任教务主任。在院不过三年，出任教育部社会教育司司长，在全国推行识字教育和电影播音教育。刘季洪先生留学回国，受聘来院任教，不久，出任河南大学校长。孟宪承先生在北京师大任教六年，休假一年，高院长聘他来院任教，评价实验工作，指出研究实验方针：从生计娱乐出发，向科学艺术探寻。傅葆琛先生是乡村教育名家，曾被聘来院任研究实验部主任，后到四川华西大学任教，讲授社会教育。高院长对我说：'这几位先生不是我院能长久留住的，他们有发展，我只能放，在全国社会教育的声势就大了。再说毕业生。优秀的毕业生即使在院任重要的实验工作，外地向本院要人才，我院应将他们外放。如秦柳方出任津浦铁路浦口站工人教育工作，茅仲英出任水利化工厂工人教育工作，孙有良被聘到开封办民众学校，他们在各地卓有成绩，我院的声誉也提高了。我院对毕业生的培养与外放应重视。'我听了院长这番话，我想通了。"

高阳提到的这几位著名教育家，可以说，是包括江苏省立教育学院在内的民众教育事业成就了他们的大志愿。

雷沛鸿

雷沛鸿是广西南宁人，也是高阳多年至交。他1905年考入两广高等工业学堂修化学，1906年加入中国同盟会，1911年参加黄花岗起义。1913年考取公费生赴英留学，后又赴美求学，获欧柏林大学文学学士学位和哈佛大学哲学硕士学位。1921年回国后曾任广西省立第一中学首任校长、广西省公署教育科长等职，1927年任广西省政府委员兼教育厅厅长，后赴英、法、德等国考察教育，1929年、1933年和1938年又三次出任广西省教育厅厅长；其间曾受聘在江苏省立教育学院讲授各国成人教育等课程，与高阳和俞庆棠等都有密切交往，对江苏省立教育学院有深厚感情并给予诸多支持。1940年后任国立广西大学校长、广西教育科学研究所所长，并创办西江学院。1949年后曾任广西壮族自治区政协副主席。

孟宪承

当时受聘到江苏省立教育学院推进民众教育实验研究的孟宪承，1916年于上海圣约翰大学外文系毕业后赴美入华盛顿大学专攻教育学，获硕士学位后又赴伦敦大学研究生院深造。回国后受聘于国立东南大学，1923年受圣约翰大学校长之邀前往任教。"五卅惨案"后，孟宪承坚决支持学生爱国行动，脱离圣约翰，发起创办光华大学。此后曾任国立中央大学教育学院院长，1929年后在江苏省立教育学院任教务主任。后来到杭州研究和推广民众教育，在浙江大学任教。1951年出任华东军政委员会教育部部长等，后转任华东师范大学校长。孟宪承撰写了多部教育理论专著，如《教育通论》《民众教育》等，还编写了《中

国教育史》《外国教育史》等教材,并翻译杜威的教育名著。

李蒸

高阳提到的李云亭,名李蒸,河北唐山人。北京高等师范学校毕业后留校任教,后进入哥伦比亚大学主修乡村教育,取得哲学博士学位。回国后曾在北平大学、北平师范大学、南京中央大学等校任教,应聘为江苏省立教育学院教授之后讲授比较教育等课程,编写系统教材,推广民众教育。1932年出任北平师范大学校长。抗日战争时期,曾任西北联合大学师范学院院长。西北联大师范学院独立并更名为西北师范学院后,李蒸被任命为第一任院长。

刘季洪

另一位后来出任大学校长的教师刘季洪,为江苏丰县人。他从北京高等师范学校毕业后入华盛顿大学研习,获教育硕士学位后又入哥伦比亚大学读教育哲学,后在牛津大学研究英国教育。毕业回国后,任教于江苏省立教育学院,专教民众教育,著有《各国成人教育》《教育统计学》等。1935年刘季洪出任河南大学校长,他尊师敬贤,延揽了范文澜、萧一山等国内知名学者,且提倡学术研究。

陈礼江

曾被高阳聘为江苏省立教育学院教务主任的陈礼江先生,江西九江人,1922年入芝加哥大学等攻读教育学、心理学,并获硕士学位。回国后曾任国立武昌师范大学教务长、江西省教育厅厅长、中山大学教育系主任;1932年任江苏省立教育学院教务主任兼教授,创设成人学习心理研究所,创办民众

教育实验区，进行亦工亦农亦学综合教育，成效显著，引起海内外学者瞩目。1936年任国民政府教育部社会教育司司长兼参事，大力推行电化教育和扫盲工作。1941年创办国立社会教育学院并兼首任院长。国民政府曾密令该院迁台，陈礼江拒之不从，把学院完整保留并移交给人民政府。

傅葆琛

被高阳称为"乡村教育名家"的傅葆琛先生，四川成都人，清华大学毕业后作为预备留美学生，先后就读于美国俄勒冈州俄勒冈农科大学森林学院、康涅狄格州耶鲁大学森林研究院、纽约州康奈尔大学农学研究院，获俄勒冈农科大学农学学士学位、森林学硕士学位和康奈尔大学乡村教育学博士学位。1924年回国后出任中华平民教育促进会总会乡村教育部主任，与晏阳初在河北定县开展平民教育实践，推行"乡村教育"和"乡村建设"。傅葆琛曾在清华大学、北平师范大学、山东齐鲁大学等校执教，并曾任江苏省立教育学院教授兼研究实验部主任。著有《乡村民众教育概论》《乡村平民教育之理论与实际》等。

童润之

还有一位后来成为社会教育家、大学校长的即是高阳的继任院长童润之。他早年于金陵大学农科毕业后赴美，在加州大学教育研究院获硕士学位后回国。1929年，初江苏省立民众教育院增设劳农学院，童润之应邀任教授，讲授乡村社会学，改建江苏省立教育学院后，担任教务主任，曾编著教材《乡村社会学纲要》，1938年夏任代理院长。1941年后到国立广西大学及国立社会教育学院任职；抗战胜利后奉命回无锡，恢复江苏省立教育学院并任院长。

1990年前后，童润之先生后人与我的母亲和五姨有过联系，现在我家还保存着童润之先生写的自传以及纪念高阳先生的文集等。

二、乐趣浓厚不折不挠，民众教育事业成就多位理论家与实干家

高阳认为，办社会教育的人应有浓厚的乐趣，他讲过，"一说请他教书，他不来；请他办民众教育，他就来了，因为这事业是很有兴趣的"①。高阳还举了他友人赵冕的例子。赵冕，字步霞，浙江嘉兴人。自南京高等师范学校毕业后在国立第四中山大学任教，后到江苏省立教育学院任教。1931年曾与孟宪承、俞庆棠等人发起成立中国社会教育社并任常务理事。1932年夏，赵冕主动要求在无锡办一项普及民众教育的实验，他认为光讲民众教育是空的，做才是实在的，所以他愿意深入下去办民众教育的实事，高阳也很支持。同时，赵冕很重视在实践中总结理论，先后在上海商务印书馆和中华书局出版了《民众教育纲要》《民众教育》《社会教育行政》等民众教育研究专著。中华人民共和国成立后，赵冕曾任中央人民政府教育部参事。

高阳还讲到，搞民众教育不仅要有浓厚的乐趣，还要有不折不挠的精神，他举了甘豫源的例子："民十八年敝院曾办一黄巷民众实验区，有位甘豫源先生在彼工作，他很有学问和责任心，那村庄有百数十家人家，他遇到挫折，未免灰心，但仍能勉强继续进行，及办了三年，那实验区的公民教育竟成功了"，"有病他没怕，兴趣很浓厚"。甘豫源，字导伯，自国立东南大学教育系毕业后任教无锡国学专修学校，1930年任教于江苏省立教育学院。著有《新中华民众教育》《乡村民众教育》《民众教育概论》《民众学校》等。高阳还曾提到他的一位友人朱若溪，夏天办生计教育实验区，被蚊子咬得满面血痕而且得了寒热病，但仍然坚持，办出了成效。

还有数位对民众教育有浓厚兴趣且理论上颇有建树的学者，曾为江苏省立教育学院的人才培养辛勤工作，做出了贡献。如古楳，广东梅县人，于南京高等师范学校毕业后致力于乡村教育运动，曾在国立中山大学讲授"乡村教育"，1937年任江苏省立教育学院副教授。中华人民共和国成立后

---

① 高阳.谈社会教育.[M]//田晓明.高阳教育文选.苏州：苏州大学出版社，2012：109.

曾任江苏省教育厅副厅长。著有《乡村教育新论》、《乡村师范概要》等。董渭川，毕业于北京高等师范学校，1929年后曾在江苏省立教育学院任教，中华人民共和国成立后任北京师范大学教育学院院长、副教务长等，著有《社会教育纲要》。许公鉴，曾在江苏省立教育学院任教，著有《大夏民众教育实验区四大活动之轨迹》《中国社会教育新论》《民众教育论存》《民众教育实施法》等。高阳提到过的江苏省立教育学院毕业生秦柳方，曾留校任教，1933年发起成立中国农村经济研究会并任理事，抗战胜利后担任《文汇报》经济版主编。1949年后曾任中央商业部工业商品局副局长。

在江苏省立教育学院的教师中，不仅有诸多教育理论家，同时也有很多实干家，如后来成为中国农艺、园艺、畜牧、昆虫、酿酒等领域专家的顾复、刘同圻、张照、吴福桢、秦含章等。

顾复毕业于日本东京帝国大学农学院，回国后曾任江苏省立教育学院农业教育系教授。他利用从美国引进的小麦麦种与无锡农村小麦麦种杂交，培育成"锡麦一号"良种。中华人民共和国成立后，顾复任苏南农业科研所稻作试验场场长，他跑遍苏南地区选育出能增产且米质优良的稻种，推广后使水稻产量大幅度增加，1957年获全国农业劳动模范称号。刘同圻是园艺学家，曾研学于南京金陵大学、澳洲（今大洋洲）利极农科大学及美国加州大学，获园艺学硕士学位后回国，1938年任江苏省立教育学院教授兼农业教育系主任。中华人民共和国成立后到河南农学院工作并曾任河南省林学会副理事长，对河南园艺学科的建立和发展颇有贡献。张照，畜牧学家，自江苏省立教育学院农事教育系毕业后留校，抗战胜利后任农业教育系副教授兼牧场主任。中华人民共和国成立后曾参与指导江苏省和全国的猪种选育工作，并担任江苏省畜牧兽医学会副理事长。吴福桢是农业昆虫学家，于南京高等师范学校农科病虫害系毕业后赴美留学，获伊利诺伊大学硕士学位，回国后曾任中央农业实验所所长，江苏省立教育学院农教系主任，中华昆虫学会第一、二届理事长。中华人民共和国成立后曾任华东农林部病虫防治研究所所长、宁夏农业科学院副院长等，著有《宁夏农业昆虫图志》。秦含章，食品工业科学与工程技术专家，曾在国立劳动大学、比利时布鲁塞尔大学、德国柏林大学等研学微生物学和啤酒工业，1936 年回国后任江苏省立教育学院副教授直至 1939 年，中华人民共和国成立后任轻工业部食品发酵工业科学研究所所长等。他从事食品发酵和食品工业教学与研究前后近 70 年，为建立我国白酒工业科学理论体系做出了巨大贡献。2007 年被中国食品发酵工业研究院授予"终身成就奖"，被尊为中国酒界泰斗。秦老享年 111 岁，2018 年前后一位无锡小同乡丁鸣江告诉我，他去看望 110 岁高龄的秦老时，秦老仍思维清晰，还提起并赞许当年高阳院长在江苏省立教育学院的治学。

在江苏省立教育学院工作过的还有两位大家，一位是著名的电影编剧及歌词作家孙师毅先生，另一位是被誉为"汉语拼音之父"的周有光先生。

孙师毅

孙师毅出生于江西南昌，曾在北平汇文大学、上海国立政治大学就读，后在神州影片公司等任编辑、编剧、剪辑和演员。1934 年为联华影业公司编写电影剧本《新女性》，并首次与聂耳合作创作了该片的主题歌《新女性歌》；之后又与聂耳合作为影片《大路》创作《开路先锋歌》和《大路歌》，这两首歌曲流传甚广。为影片《飞龙村》创作的《牧羊歌》是中国最早的电影儿童歌曲。1936 年到江苏省立教育学院筹办电影播音教育专修科，任科主任。抗战时期率学生迁往武汉，在那里参加周恩来领导的军事委员会政治部第三厅（后改组为文化工作委员会）工作。

周有光

被誉为"汉语拼音之父"的周有光先生（1906—2017），生于江苏常州，1923 年考入上海圣约翰大学主修经济、语言学，毕业后曾在光华大学任教，1929 年受聘曾在江苏省立教育学院任

教。后来到新华银行工作。1949年后曾任复旦大学经济研究所教授，1955年留在中国文字改革委员会工作，参加制订《汉语拼音方案》，任中国文字改革委员会和国家语言文字工作委员会研究员、第一研究室主任，兼任中国社会科学院研究生院教授。1958年2月，全国人民代表大会通过了《汉语拼音方案》决议，同年，汉语拼音成为全国小学的必修课。1979年国际标准化组织在华沙召开文献技术会议，周有光在会上代表中华人民共和国发言，提议采用《汉语拼音方案》作为拼写汉语的国际标准。1982年国际标准化组织通过国际投票认定《汉语拼音方案》为拼写汉语的国际标准（ISO7098）。2007年10月，周有光获吴玉章人文社会科学奖特等奖。

以上介绍的可能只是江苏省立教育学院璀璨教师群星中的一角，或许挂一漏万，希望同人对这方面的历史有更多的挖掘和发现。江苏省立教育学院可敬的前辈教师，无论名师还是普通教师，他们专业精通、勤勉敬业、不畏艰难，为20世纪三四十年代的民众教育事业和后来中华人民共和国的教育事业做出过宝贵的贡献。

第九章　实验深入工农倡科学，研究贴近民众养正气

1933年2月1日，国民政府教育部在南京召开民众教育专家会议，拟定民众教育实施具体办法，钮永建、高阳、俞庆棠等参加了这次会议。同年3月，《教育部民众教育委员会章程》发布，包括高阳在内的多位民众教育专家受聘成为教育部民众教育委员会委员。

在民众教育的事业中，研究实验与推广工作十分重要。江苏省立教育学院自创办伊始就注意到这一点，俞庆棠、高阳等创建者始终高度重视学院的实验、实践及其研究与推广工作。高阳认为，学院开展民众教育实验事业有两个主要目的："第一是为本院学生创造种种机会，使他们由个人的经验中去学民众教育实施方法；第二是研究民众教育的理论与实际，由实验而发现问题及解决问题的方法。"①

从1928年秋由苏州迁到无锡至1933年夏，这将近五年的时间里，江苏省立教育学院的民众教育研究实验事业可以分为三个时期：第一期完全注重乡村，第二期城乡并重，第三期又侧重乡村。主持机构开始设在实验部，后来在实验部外增设研究部；1930年秋，两部合并成立研究实验部，工作内容分为研究、调查、实验、编辑、事务等项。高阳在1933年《教育与民众》第4卷第9、10期合刊中发表的《本院民众教育研究实验事业概况及今后进行方针》一文，较系统地讲述了江苏省立教育学院对民教实验研究事业的认真探索，以及事业的五个特点和未来要坚持的三点方针。

---

① 高阳.本院民众教育研究实验事业概况及今后进行方针［M］//田晓明.高阳教育文选.苏州：苏州大学出版社，2012：118.

第九章　实验深入工农倡科学，研究贴近民众养正气

1929年江苏省立民众教育院研究部同人合影（前排右二为俞庆棠）

《教育与民众》期刊发表高阳文章

一、民众教育实验事业的进行状况

江苏省立教育学院民众教育实验工作内容主要包括四个方面：

1. 乡村民众教育。包括村单位、乡单位及地方自治区三种；还有乡村实验民众教育馆及特约农田。

2. 工人教育。包括工厂工人、棚户及一般工人三种。

3. 市民教育。包括民众教育馆、图书馆、民众茶园、卫生诊疗及国文补习班等。

4. 城市实验民众学校。有日校和夜校共十余班，并有妇女手工艺班、托儿所等。

此外，还设有无锡实验卫生模范区、民众医院和民众法律顾问处三种机关，城乡兼而有之，且民众法律顾问处的工作已经推行到全省各县。

学院每年制定年度实验工作的详细计划。例如1929年度的实验部计划，首先包括在院学生的实习，划定附近十余村为农民教育区，在教师指导下，由学生"自动"（自主实践）开办民众学校、民众茶园及民众图书馆等，并参加院内其他民教活动。其次包括出院学生的实习，学校在出院同学实习期内派遣指导员前往各县视察并就地指导；另外还有实验区及民众教育馆的实验事项等。

学院民众教育实验事业的设施建设开始于1928年秋季，当时计划三年内完成民众教育馆、实验区、实验中心小学，以及成人心理实验所、教材教具印制工厂等。起初的设想是每一种设施可兼作实验及学生实习之场所，但后来在进行中发现，因学生人数太多，实习会影响实验的效果。所以从1929年春季起，将实习事业与实验事业分开来做。实习仍以学生为主体，指导员居于协助地位；而实验则完全交给研究有素的教师去进行。

农场和工场的设立具有多重作用和意义，除了供给学生实习、指导学生实习并协助院内外各地社教机关推行农事教育及科学教育外，各场本身均有研究和实验工作。农场方面有作物、园艺、畜牧、病虫害、农村工艺等研究试验与推广，工场方面有科学仪器的研究、修理、制造以及民众科学讲义的编印等，无一不努力进行。

研究实验事业范围内还包括两项辅导工作。一是遵照江苏省教育厅颁民众教育辅导办法，对附近八县民众教育机关加以辅导；二是对于在本省各县及各省服务的毕业生加以辅导。辅导方法有通讯、视察、共同研究或代为设计等。

以下列出了江苏省立教育学院附设各项实验事业的历年变迁表（表2）。其中黄巷民众教育实验区和北夏普及民众教育实验区是持续时间较长且办出一定特色的。黄巷民众教育实验区设在院址附近，从1929年春一直持续到1932年夏。1932年秋，在无锡北郊和东郊开办了惠北和北夏两个普及民众教育实验区，实验一直持续到1937年日军发动全面侵华战争，战火蔓延至无锡，学院被迫迁移，实验区才随之关闭。

第九章　实验深入工农倡科学，研究贴近民众养正气

表 2　江苏省立教育学院附设各实验事业历年变迁表

年度学期机关名称	十六年度 下学期	十七年度 上学期	十七年度 下学期	十八年度 上学期	十八年度 下学期	十九年度 上学期	十九年度 下学期	二十年度 上学期	二十年度 下学期	二十一年度 上学期	二十一年度 下学期	二十二年度 上学期	二十二年度 下学期	二十三年度 上学期	二十三年度 下学期	共支经费	备注
实验民众学校五所																	本表线条表示起止年度
乡村民众学校二所																	
乡村民众图书馆三所																550.86	众三乡崇安自治协助处兼办、经费从二十三年度起不另支给
乡村民众茶园一所																	
乡村妇女教育处一处																	
黄巷民众教育实验区																13 631.64	二十二年度上学期以前由实验区之城区民众教育馆兼办、二十二年度下学期改为民众教育辅导区
农民教育实验社（附农村社会服务处）																3 679.94	
丽新路工人教育实验区																10 519.42	
高长岸实验民众教育馆																8 517.99	二十三年度下学期起由实验民
社桥实验民众教育馆																2 865.45	黄巷乡自治协助处

续表

年度学期机关名称	十六年度	十七年度		十八年度		十九年度		二十年度		二十一年度		二十二年度		二十三年度		共支经费	备注
	下学期	上学期	下学期	上学期	下学期	上学期	下学期	上学期	下学期	上学期	下学期	上学期	下学期	上学期	下学期		
实验卫生模范区																7 519.95	
江阴巷实验民众图书馆																9 183.07	
南门实验城市民众教育馆																21 268.56	
崇安寺民众茶园																	
实验民众学校																4 618.42	
北夏普及民众教育实验区																37 542.04	
惠北民众教育实验区																30 849.03	
黄巷乡自治协助处乡村自治协助处																563.26	
农场																70 338.06	
工场																14 694.34	
总计																235 978.77	

（注：上表为学年度）

第九章 实验深入工农倡科学，研究贴近民众养正气

本院研究实验联席会议在惠山公园开会留影

高长岸建筑养鱼池

高长岸民众学校

高长岸修筑道路

高长岸民众学校

江苏省立教育学院开展研究实验事业

二、民众教育研究事业的进行状况

江苏省立教育学院1928年至1932年研究工作的计划与进展概述如下，从中可见其工作内容兼顾宣传教育民众和相关学术研究，而且越来越注重贴近普通工农民众的生活需要和文化提升需求，培树民众爱国意识，培养正气。

1928学年度：编印《民众报》周刊，《教育与民众》月刊，民众教育论文集，学术演讲集，第一、二次实验报告，民众读本四册；开展本院附近农村调查。

1929学年度：搜集国内外成人教育和乡村教育专门著作，及各种相关刊物和消息，调查了解各国成人教育、乡村教育实施状况和国内民众教育、乡村教育已有成绩。成立民众教育研究读书室。继续编印周刊、学术演讲集、农民教育研究集及实验报告等。订正民众读本，编印妇女读本、民众教育词汇、法规、书目（英文）、民众小丛书、劝农谈话、民众画报、歌曲、唱歌教本、习字帖、图书故事及日历等。开展黄巷农村经济调查与统计。

1930学年度：偏重文字教育。在1931年春季，由师生组织起公民、生计、文字、比较成人教育等研究会，很有益处。在调查方面偏重文字教育及民众教育实施机关等。在编辑方面又增加编印民众教育丛书（如民众职业指导、各国成人教育概况等）、民众科学问答、民众教育问答、注音民众小丛书、民众卫生常识、民众教育画集等。

1931学年度：研究工作计划原定探讨民众教育原理，寻求民众教育的实施及推行方法。采用观察、统计、实验、比较四种方法。在社会基础方面分人口、土地、农村、都市、家庭五问题；在心理基础方面分种族心理、社会心理、成人心理三问题。不料学年开始不久，九一八国难猝起，学校结合形势调整计划，即将"民族自救""民众自卫""日本研究"定为中心问题，并将研究结果编印日本研究小丛书及战时民众自卫小丛书。其他还进行了征集江苏省各县歌谣、编印高级民众读本及《教育与民众》等定期刊物的工作。

1932学年度：计划将"乡村建设"作为研究实验的中心问题，内容分人口、经济、教育、礼俗、农业改良、农民生活改进等六项。主要研究事业除历年来固定事业如编印月刊、周刊外,还包括举行学术讨论会,组织公民、生计、文字等项民众教育研究会,调制民众教育实施机关及事业调查统计表;还有编印江苏省歌谣集、图画历史故事及民国二十一年(1932)的民众教育等。

至1935年,江苏省立教育学院八年间的研究工作取得很多成果。《教育与民众》月刊已出六年;编辑出版的民众课本中,初级和高级民众读本、妇女读本、生活化民众读本等四种课本很受欢迎,销路很广;编辑出版关于农事指导合作、指导乡村民众教育、各国成人教育等研究的参考书籍数十种;还陆续发表诸如江苏歌谣及田赋等调查成果、成人学习心理研究成果等。

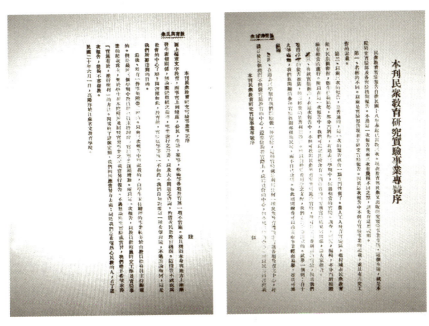

高阳为《教育与民众》研究实验事业专号作序

三、江苏省立教育学院民众教育研究实验事业的五个特点

高阳概括了江苏省立教育学院民众教育研究实验事业的五个特点:

1. 自由发展。民众教育项目有公民、生计、文字、健康、家事、艺术等项。或以为改进社会挽救危亡须从公民教育、政治训练入手,或以为须

从生计方面入手，或以为须先除文盲，意见不能一致，且各有道理。本院自十七年（编者按：1928年）开办起，采取自由发展之原则，无论从事研究或实验工作，均可随本人之素养与兴趣积极进行，所以各实验机关有以政治训练为中心者，有以生计为中心者，亦有以文字教育为中心者，各有相当效果。大抵自由发展者不同而同，不同者出发点，同者最后之结果，所谓殊途同归也。

2. 生长不已。这个生长不已的特点亦是上节自由发展效果之一。因为我们采取自由发展的原则，所以对内能如动物之蜕化、植物之生长，使研究实验事业向前推进，对外能学人之长，取法于人，使自己的事业能不落伍而有进步。

3. 因地制宜。设法与民众接近是实施民众教育的最要紧的条件。能与民众接近，方始能培养民众组织团体之能力以改进社会。本院各实验机关所用与民众接近之方法，是因地制宜，因人而施的。所以民众学校、茶园、图书馆、读书会、小学、托儿所、音乐会、武术会，等等，或但举办一种，或同时并举数种，斟酌地方情形民众兴趣而进行。但最后目的在能成立一种团体，作推进社会的原动力，如乡村改进会。有时某地方经济组织，即合作社的力量，往往有胜于政治组织者。在这种地方的合作社，又成为推进社会原动力的原动力。

4. 联络进行。本院民众教育实验机关都与地方人民及教育、农事、党、政、军、警各机关联络进行。乡长副闾邻长均加入乡村改进会，日后乡村改进事宜即可完全由本地人民负责进行。至于教育、农事、党政、军警备机关在我们常用全力与他们联络，他们了解我们的工作则共同努力进行而收效宏，他们如有一时不甚了解而怀疑或旁观的，我们仍一方面与他们联络，一方面努力干我们的工作。这种办法可称之谓在自然环境中奋斗进行，是人人都不得不如此做的，这条路子走通了，方始有办法，其它都不是办法。

5. 注重乡村。注重乡村民众教育是本院一贯的政策，十七年筹备劳农学院就是因为吾国农民占全人口百分之八十以上，农民教育一天不注意，中国一天没有希望。十九年秋民众教育院与劳农学院合并，名称虽为教育学院，而所开功课仍为民众及农事教育两个系。至实验事业因本院地位关系须供给各方参考材料，不得不设工人及城市民众教育实验机关，但大部分精神仍注重乡村也。①

四、为学院民众教育研究实验事业之进步提出今后进行方针

最后，高阳提出了学院民众教育研究实验事业今后进行的三大方针：

1. 由实验而研究。研究方法之最好者莫逾于实验，各科学之试验，学生之实习与实地见习，都是用实验方法作研究功夫，理想通了事实上还不一定行得通，拿纸面上的东西见之施行，往往毫无结果，又做的人很卖力而看的人还是一百个不满意。俗话说："看人挑担不费力，自己挑担嘴要歪。"无非由于缺乏经验之故，要免去以上两种毛病，从事研究者即使不参加实验，至少应该自己设想站于实施者或实验者的地位——应该设身处地——方始所有研究结果足以供实施者或实验者之参考与应用。譬如民众课本若不由实际天天在民众学校上课的教师编辑，而由书局书馆的人关了大门在书房里编辑，则民众读本之不适用可以预料。又如改进乡村若全凭理想而不切实际，任意计划进行，则乡村改进之无望亦可预料。研究本须利用实验，由实验而研究云者，希望研究时能不犯落空之病而已。

2. 由小而大，由下而上。改进社会挽救危亡，题目何等重大，然而行远自迩，登高自卑，是不可动摇的铁则。民众教育的目的固为改进社会挽救危亡，但是民众教育的工夫不得不由小而大、由下而上。一村民众散漫无组织，一乡一镇民众如何能不散漫而有组织；一乡一镇民众散漫无组织，一区民众如何能不散漫而有组织，区与县、县与省、省与国的关系都是如此。古人说："如身之使臂，臂之使指。"须知指与臂所以能受指挥，因指、臂本身健全，假使指、臂麻木不仁，则身亦无法指挥了。由大而小、由上而下，是我们以前的毛病，把重要角色集中在高处大机关内，把能力差的分布在下层小机关内，于是头重脚轻，脑筋明白，而指臂麻木，虽欲有为而不可得矣。不能推进社会，无法挽救危亡之原因即在此。由小而大，由下而上，不但为民众教育实验应取之方针，实在是吾国挽救危亡

---

① 高阳.本院民众教育研究实验事业概况及今后进行方针［M］//田晓明.高阳教育文选.苏州：苏州大学出版社，2012：121-122.

唯一之法门。

3. 和平奋斗，培养正气。民众教育工作在一方面说，就是培养正气，须将一村一乡一区一县一省一国内的正气培养起来，共同做村、乡、区、县、省、国的社会改进挽救危亡工作。自然这种工作如求有效，须由小而大，由下而上，由一村一乡而及一区一县，欲速不达，万万不可心急。又培养正气时，对于工作固应有奋斗精神，誓不返顾，但与人接物仍须处处心平气和，口中不宜呼打倒，心中亦不必有打倒之意。盖君子道长小人道消，自然之趋势。若不就培养正气方面用奋斗工夫，不能和平引起人之同情与谅解，但躁急而思打倒，则厉气充塞，环境愈恶，将无所措手足，尚何成功之可言！①

当年，江苏省立教育学院的师生对民众教育实验研究事业倾注了满腔热忱和深入的思考与实践。许多年后，童润之先生回忆起学院实验事业蓬勃发展的景象："（当时）如惠北民众教育实验区，南起社桥、黄巷，北至胡家渡这一广大范围内的工农群众都是它（学院）的教育对象。又如光复门外的实验民众学校，日班、夜班学生多至千人，其中有工人、店员、失学青年等，也都是它的教育对象。院内学生上课，不限于院内教室，而是学生在四年内或专修科学生在两年内，都有四分之一的时间住在实验区、民校或其他有关学校从事院外教育实习，由教师下乡、下厂或住在区、校内加以指导。实验区、校的一切活动都由学生自行设计、主持与参加。院内的教学与实验场所，如教学大楼、实验工场、农场、牧场、电台等，也是经常开放，任人参观。"

20世纪80年代后期，在原江苏省立教育学院校友会编纂的校史回忆录中，很多师生对当年亲身参与学院实验研究事业的经历仍然历历在目。王倘教授多年后回忆："五十多年前，我曾在江苏省立教育学院任教，并主持惠北民众教育实验区（以下简称'惠北实验区'）。""惠北实验区和北夏普及民众教育区分别创立于1931年和1932年，两个实验区设立目的不同。北夏实验区是以政教合一普及民众教育为实验目的，惠北实验区是

---

① 高阳. 本院民众教育研究实验事业概况及今后进行方针［M］//田晓明. 高阳教育文选. 苏州：苏州大学出版社，2012：122-123.

以供院内农事、民教两系科学生实习的场所为设立主要目的。其次,通过学生实习,有指导有计划地唤起民众觉悟,改善农民现状,把科学文化输送到农村阵地,并探索农村教育的规律和途径。""惠北实验区教育上的成果,(体现在)一,对培训民教专业人才的效果。……本院在短短十多年中培养了一千几百名学生,从事基层民教工作。二,对惠北区的民众和社会的效益。……增强爱国爱乡的意识,提高了文化卫生的水平,增加了经济的效益……"当年惠北实验区分布的三个乡(的一些试点事业),现已逐步建成各有特点各有侧重的经济、文化、教育实体。""1988年5月初,美国麻城大学教授、中美文化合作委员杰里·邓尔麟访问无锡县时,由高佐良同志作陪十余天,曾专访惠北实验区及天一中学。丹麦教育考察团1988年来无锡考察了天一中学,并了解惠北实验区事绩,认为无锡县的振兴与长期的正规教育及乡村社教打下的基础有关。""述往事,思来者。在回忆五十年前的惠北实验区的同时,首先使我更加深切怀念民教先驱高阳、俞庆棠和陈礼江三位教育家,在建国前创立中国唯一的成人高等学院——江苏省立教育学院和国立社会教育学院,培养了大批民教专门人才,对旧中国民教事业有巨大贡献。"①

江苏省立民众教育院实验区流动教学

---

① 王倘. 关于惠北民众教育实验区的回忆[G]//苏州大学原江苏省立教育学院校友会. 艰苦的探寻——江苏省立教育学院校友回忆录(第二辑). 苏州:[出版者不详], 1989: 110-115.

江苏省立劳农学院农民教育馆农民俱乐部成立会

江苏省立教育学院无锡江阴巷实验民众图书馆之阅报室

江苏省立教育学院健康教育宣传队赴南京表演

江苏省立教育学院毕业生张士铮曾回忆:"农事试验场是农事教育系师生的科研和实习基地。农场有育种室、气象站,乳牛场、猪房、鸡舍、苗圃花房、罐头食品加工厂,都颇具规模,所有产品都质优价廉,供不应求,销售覆盖面除无锡市外遍及沪宁线各县市。

我们农场的气象台当时在无锡还是首创,气象站天气预报通过我院自己的广播电台播放,颇见成效,深得无锡城乡居民和有关单位的信任和好评。在当时的历史条件下,一个规模不大的专业能获得这样广泛的社会效益,是很不多见的。农场的经济是独立核算的。当时国民党政府所给予学校的经费少得可怜,学院的事业费相当匮乏。农场有它自己的独特条件,加上生产经营得法,经济效益相当不错,这就为学校作了创收,对开展事业起了资金上的补充作用。

值得一提的是,农业知识和农业技术的推广,通过各种形式的民众教育实验区、馆、民校,培养了大量的初级农技人才,对当时社会做出了一定贡献。

创业艰难,回忆农场从创建到发展,是与高阳院长和俞庆棠先生的远见卓识分不开的。事隔半个世纪,回忆往事,觉得当时有许多做法还有现实意义。"①

童润之先生曾回忆:"这些城乡民众教育的实验、研究与推广工作,大都由院内学生在教师的指导下进行,作为他们的教育实习,也是该院研究实验部及有关教师搜集资料、积累经验的依据。当时一些教育实践家如钱俊瑞、马祖武、古楳、赵冕、茅仲英、王倘等人,曾担任各区、馆、校的指导教师。这些民教研究实验事业卓有成效,每年招致众多关心社教和从事社教工作的人前来参观。"②

1930年6月,江苏省立教育学院开始在大运河南岸的丽新路创办工人教育实验区,24岁的秦柳方参加了这项工作约有半年时间。他回忆,当时的实施方针是:以全区为学校,以全体工友为学生,以各种有价值活动为

---

① 张士铮.忆母院农事试验场二三事[G]//苏州大学原江苏省立教育学院校友会.艰苦的探寻——江苏省立教育学院校友回忆录(第二辑).苏州:[出版者不详],1989:140-141.
② 童润之.江苏省立教育学院始末记[G]//苏州大学原江苏省立教育学院校友会.艰苦的探寻——江苏省立教育学院校友回忆录(第四辑).苏州:[出版者不详],2004:12.

课程，以大单元设计为教法，以改良风纪习俗社交为训育。实验区成立后第一个半年，区内的教育设施有：妇女夜校、职工阅书报处、蓉湖茶社、代笔处、工友模范寄宿舍、丽新区妇女日新会、工人业余剧社、托儿所等。开展了放映电影、办小型运动会和工友访问等活动。

江苏省立教育学院工人教育实验区开幕摄影

工人教育实验区成立后，引起各方关注，教育部以及好几个省市社会教育行政人员、省内外民众教育机关干部、师范院校师生纷纷前来参观。当时，在中央研究院社会科学研究所任副所长的陈翰笙同志曾来区参观，他为研究农村破产与劳动力进城问题委托本区搜集工人收到的家书，秦柳方等曾搜集到几十封交给他，作为研究资料。秦柳方还曾参加编辑《工人教育实验之发端》一书，该书现藏于国家图书馆，因系孤本，放在了特藏室。

江苏省立教育学院工人教育实验区妇女夜校学生

附

高阳关于黄巷实验区工作的报告

黄巷是无锡的一个小村庄，离城市约四里。全村共有一百六十六户，居民一百八十人。人民的耕地不到四百亩。原先有学龄儿童一百二十余人，除了一所私塾外，连一个初级小学都没有。民国十八年春，校中的教职员在此着手办理乡村民众教育的实施工作。以全村为学校，以全村的人民为学生，重视文字教育和公民教育，三年以还，很有成效。现在把实施的结果说一说：

文字教育——村中原先只有百分之九的人民识字，现在人民识字的已增加到百分之四十。三年来的成绩，虽不见得怎样好，然而在我们看来，却是到了顶点，无以复加了。原因是村中有许多老年人，没有方法叫他们识字；七岁以下的儿童都是不识字的；还有居民的迁徙，也是阻止村民识字的百分率增加的一个原因，许多村民，识字以后，便跑到城市里经商去了，同时有许多人民从外面迁进来，这些新迁来的人民，大半是不识字的，因此村民识字的百分率，总不能超过百分之四十以上。

公民教育——现在村民自己能够集会，充分地运用四权，农人能够跑上台去做主席，毫无慌张的态度。至于我们训练的方法，并不是叫他们念民权初步，乃是从音乐会、体育会和辩论会中训练他们。村民从这些团体里面学习选举、提议、表决及其他一切会场规则。

黄巷又有乡村改进会的组织，改进会所办的重要的事业：开办小学；禁烟禁赌；订立民众信条（要有正当行业，要读书识字，要勤俭治家，要诚实公正，要热心公事，要禁绝烟赌，要破除迷信，要实行男女平等，要互相帮助，要和气待人，要敬重长辈，要清洁卫生）；强迫识字（凡年在十二岁以上二十岁以下的乡民，无论男女必须入黄巷民众学校，如无故缺席，每星期抽愚民捐大洋三角。就学的时间，以不妨碍乡民的职业为原则）；筑路（村中有一段二里长的道路，年久失修，下起雨来便感交通不便。十八年年底村里开工筑路，采取的办法是叫全村人负责，有气力的出气力，没气力的出钱。一天不做工，扣大洋七毛；一天工也不做的人，就得拿出七块钱来）。

生计教育——我们对于生计教育，非常注重。农业方面，如介绍改良种子，利用新农具，消除病虫害，蚕桑指导，各种农业指导，提倡副业，办理合作社，用特约农田改良农作物和园艺；工业方面，如举办工人教育实验区，提倡民众工艺和农产制造，介绍家庭工艺机械，改良原有工艺生产品；商业方面，如商余补习学校、商余读书社等，都一一地积极进行。黄巷方面，推广改良蚕种的工作，进行得非常顺利。全村一百二十七户中，养蚕的占八十一户。以前无人指导，每年的收入不到两千元；现在由我指导，已增加到四千余元了；如用改良种，收入更丰，当在七千元以上。这个小小的统计，已足表明生计教育的成效了。

（选自高阳1932年《江苏省立教育学院工作概况》，此处有删改）

江苏省立教育学院黄巷实验区之稻作展览会

第九章 实验深入工农倡科学,研究贴近民众养正气

黄巷实验区之田间指导工作

化装演讲(破除迷信)

第十章 创电化教育培养专才，
借电影电播唤醒民众

在我所见的高阳著述中，未见关于江苏省立教育学院电化教育的专述，但我从相关史料中了解到电化教育确是该校值得书写的特色。这里综合相关史料做一概括，以介绍江苏省立教育学院引以为傲的电化教育创业历程。

一、率先开设电化教育课程

江苏省立教育学院在建校初期就借鉴国外视听教育的发展成果和经验，重视运用幻灯、广播、电影等电化教育技术开展教育实践活动。自1929年起，学院就在无锡乡村和城市的民众教育实验区为当地民众放映教育电影；在学院大礼堂，每星期六晚都有民众同乐会，会上除学生表演文艺节目外，还放映35毫米和16毫米片型的无声电影片，如《灭蚊蝇》

1929年江苏省立民众教育院劳农学院民众同乐会

《水的循环》科普影片等，很受当地民众欢迎，据说，每场电影的观众常多达五六百人。

20世纪30年代，无锡工商界人士将一台50瓦的无线电广播设备捐赠给江苏省立教育学院，以支持民众教育活动。1932年6月，无锡民众教育广播电台在江苏省立教育学院宣告成立，设定呼号XGWS，周率1390千周，波长216米。电台成立初期每日广播三次，内容以教育与学术讲座、专题讲话、新闻、歌曲、儿童节目及天气预报为主。据说，无锡民众教育广播电台是我国第一座以教育内容为主要播音题材的广播电台，也是长江以南唯一的教育电台。

随着民众教育规模的不断扩大，社会需要更多能够使用幻灯、广播、电影开展宣传教育的人才，因此，江苏省立教育学院开设了电化教育课程。在1932年10月编印的《江苏省立教育学院一览》中，记载着该院开设的全部课程。当时，民众教育系和农事教育系的"公共选修科目"中均列有"无线电与教育"和"电影与教育"两门课程。在"普通选修科目"中都有1学分的"幻术"（即幻灯片技术）课程。在必修科目中工业类11个"技能科目"中，列有"影片之放映及管理""摄影之冲洗""无线电之收发""无线电机之制造及装设"等数门电化教育技能类课程，据考证，这应是中国高校最早开设的电化教育课程。

当时，俞庆棠教授兼任研究实验部主任，该部除开展研究实验及民众教育工作外，还进行教育幻灯片绘制及教育电影片（16毫米）试摄，用以在实验区放映施教，以及江苏省立教育学院广播电台（呼号XLIJ）教育节目的编制与播放。这两项电影和电播（当时广播又称"电播"）工作分别由研究实验部戴公亮、陈汀声掌管。戴公亮1933年毕业于江苏省立教育学院，大学读书期间热爱电化教育，他的毕业论文《中国电影教育的初步建设》受到俞庆棠先生的重视，毕业后留校在研究实验部做视听教育工作。当时在民众教育实验实习中采用电影教育虽然很受民众欢迎，但影片大多是租来的外国片、无声片。为解决这个问题，1934年，戴公亮被派去上海联华等电影公司学习和实习电影制作。1935年，研究实验部接受邹韬奋先生摄制抗日宣传教育影片的倡议，由戴公亮负责编导和摄影，利用实景、图片、动画、字幕等表现手段，摄制了宣传抗日的教育影片《五十六年痛史》，影片揭露了日本军国主义自清朝光绪年间以来对华侵略的历史。影片放映后对激励群众抗日发挥了积极作用，教育部社会教育司收购该片并印制85个拷贝分发各地。此外，学院还拍摄过《防空常识》《乡国风光》等影片。这些工作为后来建立电影电播教育专修科奠定了设施和人员基础。

二、我国最早开设的电化教育专业

俞庆棠一直很重视发挥视听教学的优势和作用，因而她大力倡导以电影、幻灯片、图片及文艺演出等辅助形式进行教学。随着基础的奠定和形势的发展，俞庆棠、高阳和教务主任陈礼江等认为，须培养专门的电影电播制作人才及施教人才，以满足广大民众的需要。1936年初，俞庆棠、甘豫源和戴公亮等开始筹办电化教育专修科，并于当年向江苏省教育厅提出申请。省教育厅因当时的教育部只有电影教育委员会和播音教育委员会，无"电化教育"这一名称，所以不同意使用"电化教育"作为专修科名称，因而改为"电影电播教育专修科"，简称"电专科"，规定学制两年，招考高中毕业生入学，并邀请上海联华电影制片厂和电通影片公司编导孙师毅任科主任。

1936年秋，江苏省立教育学院电影电播教育专修科正式成立，开创了社会教育领域中电化教育人才正规培养的先河。虽然电专科没有正式使用"电化教育"这一名称，但从其教育目标、课程设置等专业特征来看确实是电化教育专业。1988年，国家教育委员会委托北师大出版的《电化教育概论》第一节、第二节曾写道："1936年，无锡江苏省立教育学院开办了电专科，这是我国最早的电教事业。"从历史背景来看，江苏省立教育学院在所设的黄巷、惠北、北夏等民众教育实验区，在"唤起民众""扶助农工"的感召下，在实施文化教育、组织生产合作以及传播农牧生产知识技术等教育活动中，有鉴于国外视听教育的发展，因而较早使用了幻灯片、无线电收音机、电影等作为宣传与教育民众的有力手段和有效工具。因此，电影电播教育专修科的诞生，实际上也发端于民众教育实践的客观需要。

电影电播教育专修科的筹建列有明确的具体培养目标，即培养（玻璃或胶卷）幻灯片与（16 毫米）电影片的编撰、绘制、拍摄人员，和 16 毫米电影摄影机、放映机，并包括照相机、幻灯机的使用、操作和简易维修人员；培养电播教育节目的组织及其内容的编撰人员，无线电机具器材（当时是小功率放射机、收音机、扩音机、扬声机，包括移动的汽油发电机）的使用、操作和简易维修人员；培养运用这两类电化教具进行施教的民众教育及技术人才。

电专科自 1936 年秋开始，从高中毕业生中招收了第一届新生，计男女学生共 24 人，含云南省按招生条件考送的 5 人。这批学生中包括史锦棠（即史行，后任延安鲁艺实验话剧团导演，成为我国著名的歌剧编导与戏剧家，先后创作歌剧《反抗的吼声》《再上前线》《刘胡兰》及话剧《红旗歌》等）、肖纪正、叶运升等人。尽管未能获准使用"电化教育"这一名称，但学院在教学活动中一直使用了"电化教育"一词。由于学院的重视，加之无锡临近上海的地利等，电专科还从上海等地聘请当时电影、广播领域的杰出人士担任专职或兼职教授，因此整体师资力量是相当强的。

当时学院为电影电播教育专修科向上海联华、电通等影片公司洽聘以孙师毅先生为首的进步电影名家来院专职或兼职任教。孙师毅先生任专修科主任兼授电影编剧、导演、表演等课，杨霁明先生授电影摄影与洗印课，许幸之先生授电影制景，辛汉文先生授电影化装，万古蟾先生授电影动画制作，司徒慧敏授音响课，丁噹先生授电影音乐与音响，等等。学院并经孙师毅先生约请田汉、欧阳予倩先生等来专修科讲学。同时，本院的戴公亮、陈汀声也教授电影放映和摄影课，以及无线电放射机、收音机、扩音机等课，秦柳方负责指导学生实习、实验。除上述专业课外，尚有国文（语文）、政治、英语、教育概论、物理学等公共必修课及专业基础课。

电专科的教学联系实际并重视实践，师生经常在课休时间使用广播电台进行教育播音，并在学院的实验区巡回放映教育电影。第一学年结束前，由孙师毅先生导演话剧《无冕女皇》，在所有电影专业课教师协同指导下，组织全班学生分配角色，安排前后台职务及工作，进行实习演出。当时参加演出的张润同学后来在一篇回忆文章《一次饶有意义的演出》中记述了这段难忘经历。文章写道："1936 年冬，正值日寇妄图蚕食我国，全国民众敌忾同仇，国民党政府委曲求全之际，我们电影电播教育专修科为了提高民众警惕，敦促政府抗日，也为了贯彻学院在教学中理论必须充分联系实际的方针，利用将近一个月的课余时间，结合所学各科理论，在科主任、著名电影导演孙师毅等老师的指导下，排练了独幕话剧《无冕女王》。《无冕女王》本名《女记者》，是著名剧作家田汉的力作，该剧写于1936年9月，发表在《电影戏剧》月刊创刊号上，后曾在1947年收入潮峰出版社出版的《最佳剧选》里。为了使剧名更有吸引力，孙师毅主任征得全班的同意，将它改为《无冕女王》，在多数同学的建议下，对剧情也做了一些修改，经孙师毅征得田汉同意，立即着手排练。"

  张润还记得大致的剧情："九一八"事变次年，江南某大城市一位充满爱国热情的青年女教师李明玉，热烈崇拜着积极宣传抗日救国、痛斥不抵抗主义的记者何平叔，把他的文章当教材教育学生，引起她所执教的学校当局不满，被解聘。她在平叔帮助下进报社当了女记者，并逐渐对平叔产生爱情，但平叔却欺骗她，隐瞒已婚的真相。明玉发现后又难堪又绝望，留下绝命书决心投海自杀。当她准备跃进海中之际，回顾祖国大好河山，思想极度矛盾，感到在国土遭践踏、民众遭屠杀、妇女遭奸淫、财产遭掠夺的情况下，自己不起来反抗，却为了"爱情受了损伤，不，说得更老实一点吧，为着和人家争丈夫啊，我就成了这样一个蠢得可怜的女人吗"？这时她又恰巧听到女间谍和日本人正在附近密谈的军事情报——日本舰队密谋在当晚发动对该城市的军事进攻，她震惊了。爱国热情和民族大义促使她"从死的诱惑里又逃回来"，及时向有关方面报告了敌人的阴谋，并让报社发出号外，"惊醒全市的民众起来保卫自己的国土"。最后，李明玉与转变了原来的抗日救国立场、客观上帮助敌人的平叔毅然决裂，投入民族解放斗争的洪流。

  《无冕女王》在抗日战争全面爆发前正式演出。张润记得："由于全班同学在孙师毅、许幸之、万古蟾、辛汉文等名师的精心指导下，共同努力，演出获得相当成功，博得全院师生以及前来观剧群众的好评，特别是扮演主角的唐沧淑同学和史锦棠同学演得丝丝入扣，给观众留下了深刻印象，高阳院长、俞庆棠教授等都倍加赞赏。为了奖励演出人员，俞师还以研究实验部主任的名义设宴招待大家，并在宴会上发表热情洋溢的讲话，勉励大家精益求精，以话剧这一有力的宣教武器，揭穿日寇的狼子野心，提高广大民众的百倍警惕,敦促国民党与共产党合作,团结一致,共同抗日。从此,全院师生抗日情绪格外高涨,在后来成为中旅剧团台柱的张立德同学的带动下,纷纷走上街头,深入农村,演出了《放下你的鞭子》等短剧,给有小上海之称的无锡的城乡广大群众,敲响了毋忘日寇妄图灭我的警钟。"① 当时为宣传抗日,孙师毅先生也曾率领学生上街演出街头剧《放下你的鞭子》。就在1936年,专修科的师生还摄制了由孙师毅编导、杨霁明和戴公亮摄影的大型纪录影片《除旧布新》。

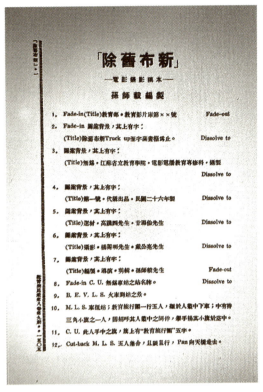

孙师毅编导《除旧布新》电影摄影稿本第1页

三、以电影电播服务抗战

1937年,学院举办了反映当时电专科办学成果的"电影摄制和照相成绩展"。这一年暑期,电专科招收了唐沧淑等25名学生。然而因七七事变抗日战争全面爆发,随之八一三沪战继起,开学后上课不久,学校即分头内迁。专修科主任孙师毅先生去武汉,部分师生随行;杨霁明、丁噹先生带二年级学生9人及一年级新生3人,经南京乘船赴汉口。到达后,孙师毅、杨霁明、丁噹先生进中国电影制片厂工作,所有学生经孙师毅先生随带入厂,安排宣传、剧务、摄影、录音、制景等部门实习,并随时准备充

---

① 张润.一次饶有意义的演出[G]//苏州大学原江苏省立教育学院校友会.艰苦的探寻——江苏省立教育学院校友回忆录(第二辑).苏州:[出版者不详],1989:411.

当临时演员、歌咏录音等工作。当时，中国电影制片厂正在摄制《保卫我们的土地》《热血忠魂》《八百壮士》等影片配合抗日宣传工作。电专科师生一面赶制宣传抗日的幻灯片，一面积极参与这些抗日影片的摄制工作。后来江苏省立教育学院西撤，1938年初迁至广西桂林继续上课，并为广西省教育厅代办电影放映工作人员训练班。

1937年5月《教育与民众》专刊

江苏省立教育学院电专科的师生在西迁后以各种方式投入抗日战争工作，如二年级学生史锦棠奔赴延安参加革命，从事话剧工作；唐沧淑随丁噹先生去了临汾民族革命大学。叶运升、肖纪正则赴桂林转系复学，当时陈汀声、戴公亮已在校。抗日战争期间，桂林成为大后方的文化城，进步文化人士云集。后来孙师毅先生来桂林，经他引介，陈汀声和叶运升、肖纪正参加了由夏衍先生主持的《救亡日报》主办的西南四省戏剧会演，负责舞台音响效果。其间，大后方各省亦相继在各省教育厅建立电化教育服务处。1940年，广西省教育厅聘请陈汀声筹建电化教育服务处，成立后任该处主任；并委派肖纪正、叶运升分担该服务处电影、播音两组工作，并建立电影巡回放映队、收音扩音器材巡回修理队，开展全省电化教育服务工作，促进了抗日战争时期社会教育的发展。1941年，湖南省教育厅继起筹建电化教育服务处，但缺少懂得业务及技术的人员，商请广西省电化教育服务处予以协助，广西省教育厅调派叶运升去湘主持筹建工作，帮助湖南电化教育得到迅速发展。

1949年后，调到北京电影制片厂工作的肖纪正曾回忆并感叹道："回顾自1936年以来，江苏省立教育学院在社会教育园地所播电影电播、电化教育种子，无论在社会教育机关和学校中都开花结实，其中更有辗转耕耘，绿化社会教育大地。际此，以社会主义'四化'为基础的物质与精神两项文明建设，有赖于学校教育、社会教育奠其基础，而作为教育手段之电影电播工具，与日俱新，效能显著，且更加发挥其作用。然饮水思源，往事堪忆，江苏省立教育学院于社会教育中，导电影电播电化教育之先声，不无贡献，这是足以忆念的。"①

由西北师范大学、中国电化教育研究会主办的《电化教育研究》期刊曾在2007年刊登徐红彩、潘中淑的文章《中国最早的电化教育专业创建始末——前江苏省立教育学院与国立社会教育学院创办电教专业的历史与总结》，其中精辟概括了江苏省立教育学院对我国电化教育的五点贡献：

（一）1932年创办了我国第一座教育广播电台；

（二）1932年起开设电化教育课程；

（三）1936年创建电化教育专科专业；

（四）在国内率先使用电化教育手段进行教育推广活动；

（五）为我国培养了一批早期的电化教育优秀人才。

江苏省立教育学院师生在民众教育实践活动中较早地使用电影、广播、幻灯片等电教手段，把民众教育延伸到社会的各个角落。他们"将电影、电播作为唤醒民众、拯救中华民族的教育武器，为我国教育事业做出了特殊的贡献"②。

---

① 肖纪正. 社会教育领域中电化教育的播种与耕耘 [G] //苏州大学原江苏省立教育学院校友会. 艰苦的探寻——江苏省立教育学院校友回忆录（第二辑）. 苏州：[出版者不详]，1989：395.

② 徐红彩，潘中淑. 中国最早的电化教育专业创建始末——前江苏省立教育学院与国立社会教育学院创办电教专业的历史与总结 [J]. 电化教育研究，2007（11）：90-94.

附

怀念师友

郑浩如

容易被遗忘的，早已忘得干干净净，就是尽力地回忆，也都想不起来了！但是惠山麓、梁溪滨的黉舍，尤其是在黉舍里面的人——其中不少的人就好像刻在我脑子上似的；大概是刻得太深了，到现在总不能抹去，谁能知道，我是多么想念教育学院中我那些可爱的师友啊！

说到教育学院，我还在昆明上中学的时候就早已神往，因为它是在无锡。无锡，我们早已听说过：它交通方便，人情淳朴。既是鱼米之乡，又是轻工业的基地，且风景宜人，有出名美丽的太湖。我们云南人投奔无锡，能考入教育学院的共有七人，真是太幸运了。

入院的第一堂课是音乐。韩觉剑老师教我们院歌，院歌的曲调非常优美，歌词更有深刻的意义。离开母院已50多年了，到现在我不仅记得，而且能唱出来。尤其是"教育农事，力求专精；手脑并用，坐言起行。习劳耐苦，克俭克勤；进德修业，锻炼身心"，正是我们亲切的座右铭。而"服务社会，忠信笃敬；亲民新民，建设乡村。发扬吾华，民族精神；爱好和平，济弱扶倾。世界大同，人类文明；促进之责，是在吾人！"更是时代的呼声。

音乐这类"天上的语言"，净化了我们的精神，词美意深的歌词，体现了母院教育宗旨和目的。当时是针对国家民族的需要。就是现在，也是改革、建设中所必需的。我不但赞成，而且深愿它发扬光大。

回忆母院师友，印象最深刻的莫过于以下几位。

母院院长高阳老师，在我们入学院不久就很熟悉了。他老人家具有端庄清秀的仪容，严肃庄重的风度。他朴素大方的衣着，显出他生活的简约；沉着坚实的行动，显示他生命的坚强。同时，他言语明确简练，声音热情真诚。我那时才20出头，幼稚、天真之气还没褪尽，看见他老人家总有点怕！其实他老人家非常爱护和关心每一位学生，亲如家人。

院长毁家兴学，终身从事教育事业。倾其家财，竭其智慧，鞠躬尽瘁，呕尽心血，终至以身殉职。其为众词所赞誉者，是院长一生不畏强暴，不避艰险，不怕苦难，不计名利。对同人则开诚布公，待学生则甘苦与共。其贡献之大，益人之多，非语言文字所能尽叙。

院长逝世噩耗传到陕西，当时我正驻军于长安东之鸿门堡，一闻此讯不胜悲痛。我一人登上鸿门堡之高台翘首遥望，哀呼院长，回忆往事，不禁泪下！

（选自1992年编印《艰苦的探寻——江苏省立教育学院校友回忆录（续集）》，此处有删改）

第十一章　考察冀鲁为中华复兴，切磋晏梁明救国要义

20 世纪 30 年代初，国内以晏阳初为代表的平民教育运动、以梁漱溟为代表的乡村建设运动和以俞庆棠、高践四为代表的民众教育运动都在农村建设和农民教育方面开展了实践探索，开辟了实验区。晏阳初先生及其组织的中华平民教育促进会（下文简称"平教会"）于 1926 年前后开辟了"河北定县平民教育实验区"，梁漱溟先生在山东省政府支持下于 1931 年 7 月创办了山东乡村建设研究院，并在山东邹平县建立"邹平乡村建设试验区"。当江苏省立教育学院的乡村民众教育实验兴起并发展时，国内逐渐形成农村教育工作的三大中心。为了共同的教育和救国理想，这三支力量经常开展一些交流，相互吸取好的经验，推进事业。

1932 年春，由高阳带队的江苏省立教育学院师生专程前往河北定县和山东邹平，考察学习晏阳初先生的平民教育实验区和梁漱溟先生的乡村建设试验区，收获很大。回到无锡之后，高阳专门写了一篇《参观平民教育定县实验区及乡村建设邹平试验县区之心得》。通过这篇心得，读者可以更贴近地感受到近一个世纪前这三地乡村教育实干家的思想与实践。

文章一开头便洋溢着激情："平民教育！乡村建设！定县实验区！邹平试验县区！我的亲友听了，莫不啧啧称羡。尤其听说我要去参观，好像我似唐僧到西天佛国去取经的一样，再三叮嘱我回来后给他们一个真确报告。这种热情，不禁使我有深刻的感想。感想维何？'人之欲善，谁不如我？中国复兴，寤寐求之，民众教育救国，几乎人同此心矣。'

我既受了许多亲友的嘱托，参观两地之心乃愈坚。所以于四月中旬排万难，一些儿不迟疑的先赴定县住了三晚。及四月二十一日又换了四次火车，行了二千余里，到达邹平，留了两晚。归途自思，果然不虚此行，心

得甚多,不知不觉的狂喜起来。现在先把我的心得写下,报告亲友……"①

一、高阳考察河北定县之心得

高阳在定县印象最深刻的是三个方面:一是定县划区分期的六年计划,二是定县对下乡工作事在必成的决心,三是定县各项教育及乡村改进工作之认真与彻底。

当时,定县实验区拟定了自当年秋季起实行划区分期的六年完成计划:将全县划为四个区,包括城东一个研究区和城北、城西、城南三个实施区;将六年分为三期,以二年为一期。

第一期计划:城东研究区的文艺教育须普及,同时对城东研究区的生计、公民、健康三项教育以及城西、南、北三个实施区的文艺教育做实施的预研究。

第二期计划:城东区内的生计、公民、健康教育须完成,且城西、南、北三区的文艺教育须普及;同时对于三区内的生计、公民、健康三项教育做实施的预研究。

第三期计划:城西、南、北三区内的生计、公民、健康三项教育须完成,即定县全民教育完成。

在第三期,还应对于全国平民教育的推行与师资训练做"相当之帮助"。

高阳认为:"此种划区分期办法之最妙处,在研究区与实验区及前期与后期均有连锁之关系。不但区与区、期与期有连锁之关系,即区与期、文艺与其他三项教育之间,前后左右,亦相互连锁,较之徒划分一区为示范,规定数年为试验,既不连络,又不衔接之无法推进者,相去如天壤也!"②

使高阳感受强烈的是:"定县既定划区分期之六年完成计划,其干部职员,全体下乡工作,用全力为之,以示事在必成之决心。汤茂如君等以平民学校为工具,陈筑山君等以家庭教育为中心,霍六丁君等以社会活动

---

① 高阳. 参观平民教育定县实验区及乡村建设邹平试验县区之心得 [M] // 田晓明. 高阳教育文选. 苏州: 苏州大学出版社, 2012: 75.
② 高阳. 参观平民教育定县实验区及乡村建设邹平试验县区之心得 [M] // 田晓明. 高阳教育文选. 苏州: 苏州大学出版社, 2012: 75.

与组织为利器,殊途同归,三路包抄,务使文艺、生计、公民、健康四项教育,如期普及,乡村改进事业,早日完成。以上数位以及平民会创办人晏阳初君及重要职员瞿菊农君等之有恒不辍,专心一致,深入民间,刻苦进行,诚有足多者!"①

高阳还十分赞赏定县对开办平民学校的重视,以其作为其他各项教育之根本,各乡村平校学生,个个振作精神,认真求学,似到处有朝气者;并称赞定县的农业推广,分育种、畜牧、病虫害、园艺、农具、土壤、肥料等项,不好高,不骛远,不贪多,且平校与农场相得益彰。还有定县的乡村改进工作经验,以平民学校毕业同学会为中心,进行植树、造林、种牛痘等活动,各村对于乡村改进事业之进行,互相竞争,颇呈突飞猛进之现象云。定县为彻底改进农村,组织有农村家庭会,高阳十分赞同此举,认为"盖乡村为中国之根本,家庭尤为乡村之根本,故言教育与乡村改进者当注意家庭。定县农村家庭会之组织,意在此乎?!"②

在这次出行返回途中,高阳曾应邀到齐鲁大学演讲,当时就介绍了定县实验区的工作并总结其三大特点:第一有恒,始终如一地把精神贯注在上面;第二注重文字教育;第三灵心,对于有益的意见诚恳接受。高阳说:"我向来认为办理平民教育,应当注意下列三点:(一)要有具体的目标;(二)要有可用的计划;(三)要分区实验。这样说来,定县实验区的工作是比较切实的了。"③

二、高阳考察山东邹平之收获

参观考察定县平民教育工作之后,高阳又来到山东邹平,参观考察乡村建设工作。1932年是山东乡村建设研究院创办于邹平县的第二年,此时研究院院长为梁仲华,梁漱溟任研究部主任。

高阳在未到邹平前,预拟了三个问题:一、乡村建设要解决什么问

---

① 高阳.参观平民教育定县实验区及乡村建设邹平试验县区之心得[M]//田晓明.高阳教育文选.苏州:苏州大学出版社,2012:75—76.
② 高阳.参观平民教育定县实验区及乡村建设邹平试验县区之心得[M]//田晓明.高阳教育文选.苏州:苏州大学出版社,2012:76.
③ 高阳.江苏省立教育学院工作概括[M]//田晓明.高阳教育文选.苏州:苏州大学出版社,2012:73.

题? 二、如何解决? 三、如何推行? 在参观后他感到颇有收获和启示:

"一、'乡村建设'要解决的是整个中国问题，具体一点说，中国政治与经济两种问题，而在经济项下又须将造产与分配同时顾及，以防落入资本主义之窠臼，至所谓政治问题，不在夺取政权与军阀政客作无谓的纷争，而在培养民主国国民应有之德性与自治能力。

二、要解决中国问题须走乡村建设这条路。因为中国自古以农立国，至今农民仍占百分之八十四以上，故中国当谋乡村的发达，完成一种乡村文明，而不当走资本主义的路，发达工商业，完成一种都市文明。况资本主义之祸患，国内因贫富悬殊，引起阶级斗争；国外因竞争市场，发生世界大战。西洋人方苦无以自拔，中国既未走上这种危险的西洋道儿，计惟有赶紧就中国实际状况，谋乡村的发达，做乡村建设的功夫。

中国大多数人既为农民，则中国大部分力量自在乡村。力量，分析言之，为人之知能及物资。但知能与物资若散漫而无组织，则不能生效。故乡村建设对于启发知能、增殖物资、促进组织之三种培起乡村力量条件当兼筹并顾。尤当以合作制度为建设乡村之惟一经济组织，由是政治亦自形成为民主的，而财富与政权可公之于全社会之民众，操于人人。"①

通过考察邹平，高阳对乡村建设和民众教育之间的密切关系有了更深的理解："培起乡村力量固宜由政府及社会团体引其端，但终当以民众自动为归，易言之，教育民众乃乡村建设之始，民众自教，乃乡村建设之基也。"②

山东乡村建设研究院在邹平试验区实施乡村建设工作的具体内容包括两部分，即研究院的内部组织工作和研究院推进乡村建设的进程。

研究院内部组织包括乡村建设研究部和乡村服务人员训练部。乡村建设研究部有学生三十名，修业年限二年。乡村服务人员训练部有学生约三百人，修业年限一年，训练为实际服务的人才。山东全省共一百零八县，如此训练四年，全省每县至少可育乡村建设服务人才十人左右。

---

① 高阳. 参观平民教育定县实验区及乡村建设邹平试验县区之心得［M］//田晓明. 高阳教育文选. 苏州：苏州大学出版社，2012：76-77.
② 高阳. 参观平民教育定县实验区及乡村建设邹平试验县区之心得［M］//田晓明. 高阳教育文选. 苏州：苏州大学出版社，2012：77.

推进邹平县乡村建设进程分经济、教育、政治三大方面。先从农业改进入手，进行订定农业改进计划、举行农品展览改进会、办理乡农学校、实施农业推广四项工作。例如，举行的全县农民展览会共有二千余件展品，参观者四天内共有四万六千余人，约占邹平县全县人口之四分之一。还有派学生赴乡间六个自治区办理乡农学校，教师热心，各乡村积极，全县六个自治区共设八十余所，遍及各大乡村。

高阳认为："邹平之优点有四：题目认清，办法檄要，精神贯注，训练刻苦是也"，"山东乡村建设研究院诸君对于邹平乡村建设之进行，办法有头绪，得要领，如身之使臂，臂之使指，纲举目张，由一院而达各自治区，由各自治区而达区内各大村"，"此种提纲挈领之进行方法，非呕心血，绞脑汁，不能得也。尤非精神贯注，训练刻苦，不足以完成由乡村建设以救中国之宏愿。研究院诸君既有此基础，敬预祝乡村建设之克底于成！"①

三、相互切磋各放异彩

从高阳这篇考察心得中，读者能够体会到他对晏阳初先生、梁漱溟先生以及他们所从事事业的敬重，虚心学习两家先进经验和好做法的诚意。读梁漱溟先生的日记可以发现，自从高阳在1932年4月考察邹平之后，他与梁漱溟先生的互相交流日益密切。梁漱溟在研究院初建时亦各地奔走，忙于联络、引进人才，进行合作研究，或应邀讲演介绍乡村建设主张。在4月接待了高阳之后，5月19日他就来到无锡教育学院（即江苏省立教育学院）考察；不久后的7月16日，他又一次赴无锡寻访高践四。1933年2月和7月，梁漱溟又两次赴锡，与高践四、孟宪承、陈礼江等共同商讨起草《社会本位的教育系统草案》，由梁漱溟执笔。1937年，梁漱溟还曾在5月25日到无锡，会晤江苏省立教育学院高阳、俞庆棠、赵冕等；7月14日又到无锡，为与高践四等诸友座谈时局。

曾在江苏省立教育学院工作的民众教育家甘豫源先生，他在《回忆高院长的办学方针》一文中这样写道："高院长认为与晏阳初领导的平民教

---

① 高阳.参观平民教育定县实验区及乡村建设邹平试验县区之心得[M]//田晓明.高阳教育文选.苏州：苏州大学出版社，2012：76-78.

育和梁漱溟领导的乡村建设要相互尊重,充分理解,不要指责批评,造成恶感。梁漱溟先生每年来无锡一二次,或演讲或开座谈会,让师生们充分理解梁先生的哲学思想。高先生曾派我和秦柳方、周耀平三人到定县参观,定县的瞿菊农先生也曾到无锡参观,高院长设宴相待并请演讲。高院长认为,全国的社会教育空气还不甚浓厚,三个实验中心要相互切磋,各放异彩。谁是谁非要看工作效果,全国学术界自有公评。全院师生对定县邹平的实验要虚心探讨,取长补短。总之,高院长从全国筹算,求学术的进步,求事业的发展,取得各方的支持合作。"①

事实上,不仅无锡、定县和邹平这三地当时经常交流,江苏省立教育学院和由陶行知先生所创办的南京晓庄学校以及各地民众教育基地也经常往来。江苏省立教育学院初创期间,高阳一行曾去南京晓庄学校参观访问,并住在该校体验生活。1938年,陶行知先生亦率领新安旅行团到当时迁至桂林的江苏省立教育学院做演讲交流。另外在1934年,高阳还曾到访北平,考察华北民众教育,当时平教会的陈筑山先生接待了他。

1933年7月,邹平第一次乡村建设研讨会同人合影
(前排左一为梁漱溟,右二为晏阳初,右三为高阳)

---

① 甘豫源. 回忆高院长的办学方针 [G] //苏州大学原江苏省立教育学院校友会. 艰苦的探寻——江苏省立教育学院校友回忆录(续集). 苏州:[出版者不详], 1992: 70.

原江苏省立教育学院校友姜爱群在《怀念高践四院长》一文中曾谈起这方面的感悟。他从江苏省民众教育院毕业后即留校任研究实验干部兼实习指导员，一度住在教师专用宿舍，比邻即为高阳院长房间。因"顾虑稚气未脱，易出'洋相'，故出入房间，起居盥洗，蹑手蹑脚，以防造次。高师面容严肃，双目炯炯，望之令人敬畏，但早晚晤面，日久相处，乃知高师为人非常亲切和蔼，对待我们学生诚如严父一般，平易近人的"。"高师为了办好学校，认真提高学生水平，常不惜重金延聘各地专家学者来校任教讲学。我在院读书时，亲受教育的便有著名教育学专家孟宪承，心理学专家廖茂如、童润之，各国成人教育专家雷沛鸿，统计学专家沈有乾，职业教育专家江恒源，乡村教育家李蒸，平民教育家傅葆琛，等等。他们在当时教育界均属第一流教授，大都为博士身份。至于学术讲演，亦多方交流不拘一格，常请名家来校公开讲学，畅抒所见。其中梁漱溟先生即为常客，一住经月，颇为融洽。其子梁培宽前年给信我时，还提及'往年乡村建设运动在各地兴起，其中规模较大影响较远的即为无锡的教育学院、定县的平教会，及邹平的乡建院（乡村建设学院）；故先父在时曾多次前往教育学院，亦常告知我们……'我当时在院工作，梁先生演讲时，高师曾指定我担任过记录，记录稿亦多承高师为我审阅，务求正确。此外，高师亦常罗致外国教育家来中国时莅院讲学，高师并亲任翻译，不辞辛劳。所有这些博取众长、百家争鸣的讲学，对我院教育事业的促进，均起过良好的、完善的作用。"[1]

---

[1] 姜爱群. 怀念高践四院长 [G]. //苏州大学原江苏省立教育学院校友会. 艰苦的探寻——江苏省立教育学院校友回忆录（续集）. 苏州：[出版者不详]，1992：23-24.

第十二章 推诚砥砺行社会教育，无锡研讨思乡村建设

一、创建中国社会教育社

1931年，为了联络各地社会教育工作者的情谊，交流各地社会教育工作经验，加强对社会教育工作的研究与推广，由俞庆棠、高阳、李蒸、梁漱溟、赵冕等人发起组织成立中国社会教育社。当时，民众教育与社会教育两个名词是通称的，两个名词异名而同实。中国社会教育社是研究中国社会教育和民众教育的学术团体，1931年12月在南京成立，地址设在无锡江苏省立教育学院。由俞庆棠、孟宪承、赵冕、高阳、李蒸、钮永建、甘豫源、雷沛鸿、傅葆琛、尚仲衣、陈剑翛、刘绍桢等12人组成第一届理事会（其中俞、孟、赵三人为常务理事）。中国社会教育社以"研究社会教育学术，促进社会教育事业"为宗旨，着重研讨普及民众教育办法、社会教育在学制系统上之地位、社会教育应有之方针、成人应受教育最低标准、乡村建设具体问题、民众教育课程标准、教材与教法等。

中国社会教育社成立后，1932年8月在杭州举行第一届盛大年会，随后在济南、开封、广州、无锡等地举行多次年会，进行学术交流；并在河南洛阳和广东花县举办教育实验区。先后共发展社员1 500余人，团体社员20个。江苏省立教育学院历年的教职员和历届毕业生，都有被吸收为该社社员。1937年春，中国社会教育社与中国教育协会等14个教育学术团体在南京成立联合办事处，后以此为基础成立中国教育学术联合会。

1932年8月中国社会教育社第一届年会开幕典礼摄影

《教育与民众》期刊1933年、1934年有关中国社会教育社的报道

二、举办乡村工作研讨会

江苏省立教育学院还曾为推进全国的乡村建设做过一件重要工作，就是承办了1935年10月在无锡召开的全国第三次乡村工作讨论会。徐州师范大学姜新教授在《江南大学学报（人文社科版）》2007年第5期发表过《无锡乡村工作讨论会评述》一文，其中详细评述了在邹平、定县和无锡召开的三次乡村工作讨论会。以下内容主要引用了姜新教授的文章，重点介绍江苏省立教育学院对这次研讨会所做的贡献。

（一）三次乡村工作讨论会召开的时代背景

20世纪初期至30年代，中国灾荒不断、外患频仍，由此造成农业萎缩、农村凋敝、农民困苦。严酷的现实引发社会各界对农村问题的重视，兴起了"乡村建设运动"，以期由此促进改造中国。到30年代初，参加乡村建设运动的组织与个人已数量繁多，据国民政府实业部调查，全国参与乡村工作的各类社会团体达600多个，乡村建设试验点多达千余处。乡村建设工作的推进需要大量的资金和人才支持，而当时各种建设理念及方案莫衷一是，各自为政的局面急需协调组织，因此各地的工作交流成为当务之急，寻求政府及社会各方面的理解与支持成为应有之义。

为了促进合作交流并扩大影响，1931年，中华职业教育社江苏镇江黄墟乡村改造实验区首先建议，拟于1932年1月召开乡村工作会议，建议得到20多个单位的响应。虽然由于时间仓促，会议最终未能如期召开，却揭开了乡村建设工作合作的序幕。1932年12月，高阳与山东乡村研究院梁漱溟、河北定县平教会晏阳初等乡村工作领袖参加国民政府内政工作会议，再次认真商讨协调方法，最后在北平商定，由高阳及王怡柯、李景汉、梁耀祖、梁漱溟、晏阳初、章元善、许仕廉、张鸿钧、杨开道、严慎修等11人联名发起成立"乡村建设协进会"，并确定了第一次集会的日期。

1933年7月，第一次乡村工作讨论会在山东邹平举行。1934年10月，第二次乡村工作讨论会在河北定县成功召开，这两次讨论会切实推动了乡村建设工作的发展。由于乡村工作不断有许多新问题亟待解决，乡村建设协进会决定在江苏无锡召开第三次讨论会。

第三次会议地点确定于江苏无锡，是由于这里在民国乡村建设工作中亦占有重要地位。在上海、南京和无锡集中着倡导"乡村建设"的机关及重要人物（南京和上海在 1927 年、1928 年直辖于民国中央政府之前均属江苏省）。倡导"乡村教育"的中华职业教育社和呼吁"农村服务"的中华基督教青年会总部均设立在上海；积极"推广农业科技"的金陵大学和从事"改进农村"的中央大学均位于南京，且参与"乡村建设"的政府机构——实业部和农村复兴委员会都在南京办公。此次会议承办单位江苏省立教育学院位于无锡，该校一直积极推行乡村教育实验。

　　江苏的乡村建设实验时间早、类型多。国民政府建立之前，中华职业教育社建立的徐公桥乡村改进区、晓庄试验乡村师范（南京晓庄学院前身）主办的晓庄实验区便与中华平民教育促进会主办的河北定县乡村平教实验区一起，开创了大规模乡村建设实验的先河。随后，江苏又建立乡村建设实验区 20 余处，成为全国乡村建设的中心之一；其中尤以无锡教育实验区规模最大，被公认为与河北定县、山东邹平齐名的实验典型。这些实验区的类型多样，既有社团主办，又有学校主办，还有政府主办，它们共同提供了丰富的经验和教训。江苏也是合作交流的首倡地区，早在 1926 年，中华职业教育社、中华教育改进会、中华平民教育促进会与国立东南大学等组织便制订了改进农村生活合作条件 7 条，共同实验农村建设，并成立以黄炎培为会长的"联合改进农村生活董事会"，和以赵叔愚为主任的"调查设计委员会"尝试过合作。

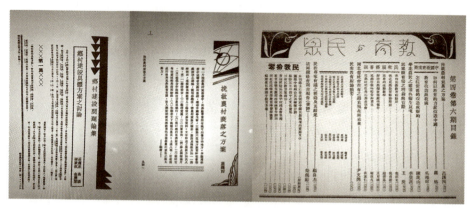

1933 年、1934 年高阳关于乡村建设的文章

（二）第三次乡村工作讨论会召开过程及特点

1935年10月10日上午，来自全国的乡村工作者代表聚集在无锡江苏省立教育学院礼堂，乡村工作讨论会第三次会议正式召开。这次会议由中华职业教育社、中华平民教育促进会、中国华洋义赈会、山东乡村建设研究院、河北平民教育会、金陵大学、燕京大学等社团机构联合主办，承办单位是江苏省立教育学院。会议主席团由高践四、晏阳初、章元善、许仕廉、陈筑山、梁漱溟、江恒源等组成，具体组织筹备工作由第一主席高阳承担。会议从10月10日开始至10月12日结束，会期3天。

开幕式上，首先由高阳报告会议宗旨，由全国乡村讨论会值年江恒源、筹备委员刘虚舟报告会议筹备情况及会议议程，并代表会议向为筹备工作付出辛勤劳动的无锡江苏省立教育学院师生及高阳先生表示感谢。接着，晏阳初先生发表《农民运动与民族自救》的演讲，号召与会人员彼此推诚相与，互相砥砺，应处处以国家危亡为前提，分工合作，不说空话。国民政府农村复兴委员会代表彭学沛发表《乡村工作是整个的政治经济的重要部分》的演讲，希望与会代表在大难关头做中流砥柱。

开幕式以后，10月10日下午和10月11日下午，与会代表分为政治、教育、经济、其他四组，分别由陈筑山和王先强、庄泽宣和俞庆棠、许仕廉、梁漱溟担任主席，在江苏省立教育学院新建的图书馆展开讨论。据记载，"问题讨论、辩论甚烈，兴趣尤浓"。第一天各组讨论议题多达20个，第二天各组讨论议题增至42个。10月11日上午和10月12日上午会议安排发言，各组由主席发言或选派代表归纳报告讨论结果，发言代表就23类69个问题报告了各组讨论情况。除此之外，为更广泛地交流各组讨论情况和了解各乡村建设中心的工作经验，每天晚上会议还安排个人谈话时间，特约请晏阳初、梁漱溟、高践四等人解答代表的相关疑问。

10月12日下午会议举行闭幕仪式。讨论决定下届讨论会在西安、重庆、广州三处择一举行，推选杨开道、瞿菊农为下届值年负责会议筹备工作。会上，国民政府江苏省主席钮永建做了《应该努力的几件乡村工作》的演讲，号召教育人民、发展实业、加强国防。接着，梁漱溟做《如何使中国人有团体组织》的演讲，呼吁要用教育的功夫，启发乡村农民自觉地组织起来，首先在经济上联合自卫，联合生产。最后高阳致闭幕词，告诫以永不满足的精神继续努力。会后，大会相关文件汇集成《乡村建设实验》第三集，由中华书局出版。

无锡会议与前两次乡村工作讨论会相比有几个新特点（表3）。

第一个特点是与会代表更为广泛普遍。无锡会议正式代表171人，加上非正式代表总计200余人，超过山东邹平会议与河北定县会议参会人数，其中还有关心中国农村的外国友人。参会组织共有99个机关社团，也超过前两次会议，其中有从事乡村建设的中华职业教育社、中华平民教育促进会等社会团体，也有燕京大学、齐鲁大学、金陵大学等高校，还有实业部、卫生署等政府机关。会议涉及10个省市19个地区，比前两次更为广泛。

第二个特点是会议准备充分，形式更为丰富多样。无锡会议从第二次乡村工作讨论会闭幕便开始精心筹划，在以高阳为筹备主任的筹备委员会领导下，以江苏省立教育学院为主设立了记录、文书、会计、事务四个办事股；会场设立在江苏省立教育学院礼堂及图书馆，食宿安排在学院及周围旅社。无锡会议采取多种形式进行交流：一是书面报告与口头讨论结合，各团体实验区书面报告不再宣读以留出更多时间畅所欲言；二是分组讨论与大会交流结合，代表既可参加最感兴趣的讨论亦可了解其他问题的探讨；三是短小精悍与长篇大论结合，会议规定代表发言时间为5分钟以增加发言人数、拓宽议题，使会议涉及内容空前广泛，同时请专家做专题演讲以加深对专门问题的系统阐述，高阳、梁漱溟、晏阳初都发表了乡村工作的精彩专题演讲；四是集体会议与个别交流结合，会议专邀造诣深厚的乡村工作者解答代表的问题以便有的放矢解决疑难。

第三个特点是无锡会议突出展现了江苏乡村建设的工作成绩。参会江苏代表占与会代表的28%，江苏地区与会乡村实验团体占与会团体的24%，江苏地区提供报告占会议报告的31%，都超过其他地区。江苏地区提供给会议的工作报告内容中，既有政府主持的中央模范实验区的工作概要，也有社会团体主持的农村改进事业概况；既有鸟瞰式的行政院农村复兴委员会工作报告，也有剖析式的栖霞村示范乡村报告，反映了江苏乡村工作的丰富多彩。江苏省立教育学院关于农村教育的经验别具一格，中央大学关于科技推广的汇报独树一帜，职教社关于农村改进的阐述耐人寻味，展现了江苏乡村工作的发展水平。

表 3　无锡乡村工作讨论会与前两次乡村工作讨论会比较

开会时间	地点	代表	组织	地区	报告	主席
1933.7.14—16	山东邹平	63	35	9	11	梁漱溟、晏阳初、黄炎培、章元善、江恒源、许仕廉
1934.10.10—12	河北定县	150	76	11	27	晏阳初、梁漱溟、高践四、梁仲华、陈筑山
1935.10.10—12	江苏无锡	171	99	19	35	高践四、晏阳初、章元善、许仕廉、陈筑山、江恒源
合计		384	210	39	73	

（三）无锡会议在民国乡村建设运动中的意义

姜新教授在撰文中评述了无锡召开的第三次乡村工作研讨会在民国乡村建设运动中的意义。

第一，会议进一步促进了乡村工作经验教训的总结。这次会议讨论议题不仅有"推进乡村工作之责任应由谁负""如何培养乡村工作人才"等宏观议题，也包括"农村自治组织应如何始有成效""如何建立合作组织""乡村工作如何与挽救民族危机结合"等新的挑战，还包括"如何提倡地方性水利工程""如何扩大公路效用"等技术议题，交流较以往更广泛深入。

第二，会议进一步促进了乡村建设者的联合，各界代表进一步加深相互了解，加强了相互联络。在会前的预备会议上已讨论决定建立三个专门委员会：建立研究委员会调查乡村工作状况，制定以乡村建设的方法挽救民族危亡的行动方案，由晏阳初担任召集人；建立推广委员会，研究推广乡村工作经验的内容和方法，由杨开道担任召集人；建立乡村工作干事会，负责日常的具体工作，梁漱溟、梁耀祖、许仕廉、陈筑山为干事，由陈筑山担任召集人。这使得乡村工作的合作方案有了实质性进展。

第三，会议还进一步促进了乡村建设运动与社会各界和政府的联络，无锡会议邀请的政府机构增加到 14 个，代表人数达 20 人，包括建设委员会、行政院农村复兴委员会、实业部、全国经济委员会农业处、国民党中央党部、内政部卫生署等中央政府机关的代表，山东省教育厅、江苏省教育厅、青岛市政府、邹平县政府、涿县政府、崇明县政府等地方政府机构的代表，驻外使节也有人参加会议，如驻英国伦敦副领事蒋辑。无锡会议给予乡村建设者向政府官员灌输理念的机会，密切了乡村建设运动与政府的联系。会议还邀请了关注农村问题的社团参加会议，如女青年全国协会、中国银行、中央农业实验所、农村周报等，以求乡村建设工作得到社会各界更多的了解和支持。

附

乡村工作讨论会的重要意义

高　阳

今天是我们中华民国国庆日，乡村工作既着眼于中华民族前途，则全国乡村工作讨论会第三届年会在今天开会，实含有庆祝国庆之意。今天到会参加者，有国内公立、私立、本国人及友邦人士主持之各种乡村工作事业机关或团体之代表，济济一堂，共同讨论，此种机会殊属不易多得。

本会主旨，在互相联络，增加工作效力，这也就是同人参加本会的期望。分析言之，约有四点：

一、重行检讨同人所从事的乡村工作；

二、报告一年来工作上的心得与困难；

三、联络感情，研究切实互助方法；

四、交换知识经验，互相切磋商量如何改进工作技术。

关于第一点，为什么对于同人所从事的乡村工作需要重行检讨一番呢？近十余年来，政府、金融界、教育界，及一般爱国有志之士，都能注意乡村建设并且努力进行。但是天灾人祸，内忧外患，形势愈加严重，使我们从事乡村工作者，不得不自问现在民族危急存亡之际，究竟我们所做的工作，对于民族自救有何帮助，有何关系？一方面，水旱天灾国际形势之严重程度，比前更加厉害；在另一方面，自己觉得乡村工作微渺零碎。两相比较，殊觉苦闷。此种苦闷，为在目前念及民族前途者人人所共有，所以各方面的人都在那里苦闷，都在那里估量自己的工作，对于救亡图存有何帮助？有何关系？我们乡村工作同人当然不能例外。并且因为乡村建设之目的为中华民族自救，所以乡村工作同人，在目前所感觉的苦闷愈甚。此次集会，可以给我们一个机会，共同重行检讨乡村工作与民族自救的关系，在目前形势极严重的时候，乡村工作应如何联络进行，如何加紧工作，对于危急存亡之中华民族方能有补益，以尽国民之责，并解除心理上的苦闷。

第二点，报告一年来工作上的心得与困难，为增加工作效率计是必要的。亦惟有在乡村工作同人集会中，有这种报告，最为相宜。因为我们如向别方面的人去诉苦，他们未必愿听，即听了亦未必能了解。惟有我们乡工同人集合一堂，互诉工作上的困难，互相报告工作上的心得，可以彻底了解，发生同情，互相安慰，鼓励。并且互取所长，互补所短。上二年集会都有报告工作这一项，已印有专刊。今年仍各有书面报告，同时在会前会后还可以作更亲切的相互报告。

第三点，联络感情，研究切实互助方法。乡村工作虽由政府办，金融界办，教育界办，以及一般爱国有志之士办，并且遍及全国各地。但是天南地北，彼此缺乏见面的机会。因此便亦缺乏联络感情研究切实互助方法的机会。乡村工作的目的在民族自救，现在民族前途如此危急，乡村工作同人，能不急起联络感情切实互助，以增工作效力么？此次参加本会诸位先生，有百余人之多，来自中央及各省市，机会难得。我们应该怎样利用这次机会，联络感情，切实互助，这都靠同人之努力。

第四点，交换知识经验，互相切磋商量如何改进工作技术。语云：工欲善其事，必先利其器。乡村建设或乡村民众教育工作，在表面上看似属于社会科学，无技术之可言。但我们知道乡村工作中心在培养民众组织，使能自觉自动地运用团体力量，推进社会，解决社会问题。如何用教育功夫达到民众运用团体力量，解决社会问题之目的，实在是一个颇费研究的问题。同时，我们应当不忘记乡村民众教育工作，须对准着整个民众生活下功夫。举凡地方人民自治团体与经济组织之培养，产业之开发，以及一切生活之改进，均须就实际生活需要，用教育工作启发指导之。此中需要科学技术，为人人所共喻。由此可见乡村工作同人确有借此次集会之机会，交换知识经验，互相切磋商量，如何改进工作技术之必要。

总之，本会主旨在互相联络，增进工作效能，同人参加本会心理的期望，大约亦是如此。目前民族前途甚危急，乡村工作问题甚繁复，而三天会期又甚短促，所以同人应当格外努力，共同商讨，以期达到互相联络，增进工作效力之目的。

（原载《教育与民众》第7卷第2期，1935年10月，此处稍有文字改动）

第十三章　声誉鹊起无愧民教模范，努力热诚培育全国英才

自 1930 年江苏省立教育学院成立以后，经过数年努力，该校以优良的学风和显著的特色，被列为苏浙沪八大知名高校之一，并被誉为国内民众教育运动之中心。

一、江苏省立教育学院人才培养成果

1935 年 7 月，高阳应邀为《教育杂志》撰写了《江苏省立教育学院之过去与将来》一文，其中介绍了当时在校生和毕业生的学习与就业状况，反映出江苏省立教育学院培养民众教育人才的努力和成果。

1935 年，江苏省立教育学院当时的在校生共计 264 人，各系各年级男女学生人数统计如表 4：

表 4　在院各系科男女学生人数统计表

系科别	年级	学生人数			备注
		男	女	共计	
民众教育学系	1	19	6	25	旁听生三名未列入统计
	2	22	3	25	
	3	33	7	40	
	4	26	7	33	
农事教育学系	1	10	2	12	
	2	21	5	26	
	3	28	4	32	
	4	27	0	27	
农事教育专修科	1	14	7	21	
	2	16	4	20	
总计	10	216	45	261	

分析生源状况，学生的年龄从 18 岁至 34 岁都有，其中以 22 岁至 25 岁者为最多。学生中女生 45 人，男生 216 人，女生比例约占 17.2%，这个女生比例在那个年代应该说是不小了。在学生籍贯分配上，江苏省 57 县共 205 人，以县额生为多；外省学生来自 15 个省共 59 人，占比近 22.3%。这在一定程度上表明，江苏省立教育学院在国内多地已受到考生青睐，在一些后来校友的回忆里也验证了这一点。

再看江苏省立教育学院截至 1935 年历年毕业生的从业状况。据统计，江苏省立教育学院毕业生共计 450 人，服务本省者计 335 人，服务外省者计 46 人，升学他校或回院续学者计有 14 人，另家居待业或情况不详者 38 人；还有已故 17 人（1931 年九一八事变以后，该校毕业生有赴东北参加抗战而牺牲者）。

如下两个统计表（表 5、表 6）反映了毕业生的就业状况。

表 5　服务外省之毕业生

省别	浙江	广西	山东	安徽	河南	云南	江西	福建	河北	广东	湖南	湖北	四川	陕西	共计
人数	13	9	4	4	4	2	2	2	1	1	1	1	1	1	46

表 6　毕业生所任职务统计表

职别	人数
县立民众教育机关主持人	156
县立民众教育机关干事	46
省市立民众教育机关干事	80
社会教育行政人员	19
中等学校教职员	22
升学或回院续学	14
农业研究机关职员	4
民众学校、职工学校及小学等教职员	34
其　他	20
已　故	17
不　详	38
总　计	450

可见，江苏省立教育学院毕业生已遍布华北、西北、中原及南方14个省；有三分之一以上担任了县立民众教育机关主持人，有12%以上做了基层学校教职员。除了学历教育，江苏省立教育学院还通过开展短期训练班及招收实习生、练习生培养了相当多的民众教育人员。高阳道："教育学院训练人才的方法，并不限于招收规定的学生而止。在过去，我们虽两度开办社会教育暑期学校，招收江苏省各县社教机关工作人员将近四百人，予以四个星期至六个星期的训练，使其工作效率可以稍增。又因为某种技术的需要，如民众科学仪器的制造，农村工艺的传习，我们也先后开办数次的训练班，时期多则三个月，少则一月，学生数合计之在二百人以上。还有院内各部分，如农场、工场、实验区等，历年来也应允各处的请求，派员来实习或者做练习生，这一类学生的统计亦在二百人以上，他们实习或练习的时期，最久者有三年，至少也在一个月以上，这都是直接间接的从事于民众教育服务人员的训练和培养。"①

按高阳所讲估计，江苏省立教育学院这些年以短期培训形式培养的民众教育人员总共也有800余人。

五十多年后，继任院长童润之先生曾在1987年和2010年撰文，记述江苏省立教育学院的办学成果："该院自开办以来，声誉卓著，不久就被列为华东（江浙及上海）八大学校之一。1935年，该院学生参加了华东八大学辩论会，辩题为'大学招生考试应否限制为高中或同等学校毕业资格'，比赛结果，该院荣获第一。这八所参加辩论的大学是国立中央大学、南京金陵大学、苏州东吴大学、上海沪江大学、上海光华大学、上海圣约翰大学、杭州之江文理学院和无锡江苏省立教育学院。"

童先生还记述了江苏省立教育学院人才济济的状况："各方来学者不下四百余人，学生来源不限于江苏，如广西、云南、陕西、甘肃等省的教育厅也经常保送学生来学习"，"截至抗战开始，该院西迁以前，历届毕业学生不下五百余人。毕业后，分别回到各市县及有关省市担任社教机关负责人、教育科局长，中学、师范学校教师，农校教师，农业科技人员，有

---

① 高阳.江苏省立教育学院之过去与将来[M]//田晓明.高阳教育文选.苏州：苏州大学出版社，2012：206.

些人后来还担任了教育部领导干部和大学校长,如1949年后首任教育部副部长钱俊瑞,著名作家吴强,先后任云南省副省长、南京大学校长和中国人民大学副校长的郭影秋,山东大学副校长杨希文,东北师范大学校长刘光等,均为该校早期毕业生"。①

二、江苏省立教育学院的办学特点

苏州大学教授、曾任江苏省立教育学院校友会会长的黄旭朗先生,曾在《江苏省立教育学院简介》一文中指出,学院在建制中大胆创新,短短几年摸索出不少宝贵经验,今天看来,仍有一定参考价值。他总结了学院办学的五个特点:

"首先是开门办学。学院开设的课程,均是根据办理民众教育的需要而设计的。课堂教学的内容通过实践来检验,实践结果以充实课堂的教学内容,使课堂和实际工作相结合。学生毕业出院工作,不论在省内省外,学院仍予关注指导,使其事业有所进展。学院不认为一批一批送走毕业生就算完成任务,而认为培养人才是手段,办好民教事业才是目的。所以学院的门不但开向实验区,而且开向全省全国有毕业生的地方,力求成为全省全国办理民教的中心。

其次是注重实习。学生入学后,每学期都要在实验事业单位进行实习,实习成绩记入学分。暑假还要轮流实习一个月;本科第四学年、专修科第四学期全部实习(本科生同时要写毕业论文),实习学分不及格或实习时间不足,不得毕业。通过实习,使学生深入民众,关心民众疾苦,和民众打成一片,培养民众的思想感情,同时学习办理民众教育的工作方法,树立做好民教工作的信心和决心。

第三是教师以身作则,身教重于言教。学院教学方法,除课堂上讲,还带学生到实验区去干。有的实习指导老师就是讲课老师。院长高阳和研究实验部正副主任也经常到实验区去参加教育活动。暑假中高院长还在晚上手提风灯,穿着短裤,到实验区去看望并指导学生工作;有的教师虽从

---

① 童润之. 俞庆棠与江苏省立教育学院 [G] //苏州大学原江苏省立教育学院校友会. 人民教育家俞庆棠与江苏省立教育学院. 苏州:[出版者不详],2004:13-14.

国外留学归来，也能脱下西装穿上布衣，深入民间，与学生们一同工作，这种以身作则的精神，给学生以极大的鼓舞与深刻的感受，收到潜移默化的效果。

第四，培养务实精神，手脑并用，坐言起行，习劳耐苦，克俭克勤。实验区工作从民众生活实际需要出发，事先做好调查研究，有的放矢，不尚空谈。实验区大多租用民房，设备简单，生活艰苦，工作人员和学生要一个人顶几项工作，有的食宿在农民家里，有的住在实验事业单位，还要自办伙食，从生活到教学一切自己动手，以养成学生勤俭刻苦的习惯与独立工作的能力。师生们在实际工作中，很多人写出了具有相当质量的论文及切合实用的民教教材，大大改变了知识分子脱离实际的习气。

第五，修习的课程较多，知识面广，一专多能适应性强。民众教育的内容广泛，凡是民众生活上、生产上需要的，都要懂得一点，才能帮助大众共同研究解决问题，因此，除必修科目外，还开设许多选修科目，以适应各方面的需要。如中国经济问题、中国土地问题、现代农村问题、民众工艺、音乐、图画、武术、戏剧等。学习时间短，学习科目多，特别对于二年制的专修科来说尤其如此。因此很多科目只能讲个大意就得'收兵'。这虽是一件憾事，但有助于在工作中继续学习，增进办事能力，有的对某一科目不断钻研，造诣较深，成为该科的专家学者，作出了突出贡献。"[1]

童润之先生也曾指出，江苏省立教育学院的最大办学特点是开门办学、面向民众。他认为这一特点是由学院性质和办学宗旨所决定的。江苏省立教育学院以民众教育起家，以孙中山先生的"唤起民众"和三大政策之一"扶助农工"为其办学宗旨，这一宗旨决定其办学方式必须是开门办学，教育对象必须是劳苦大众。童润之还提出学院应具有艰苦朴素和勤俭办学的优良校风："学院既以民众教育为标榜，则其培养的民教人才必须是能耐劳苦、熟悉民众生活而从事教育活动的人员。历任院长，从创办人俞庆棠直到赵叔愚、高阳等人，都是自奉俭约、刻苦奉公的知名人士。""学生平时在校除上课外，往往从事工农业生产与实验活动，有一段时期

---

[1] 黄旭朗. 江苏省立教育学院简介 [G] //苏州大学原江苏省立教育学院校友会. 艰苦的探寻——江苏省立教育学院校友回忆录（第四辑）. 苏州：[出版者不详]，2004：6-8.

内曾实行勤工俭学。每到下乡下厂实习期间，学生自行举炊、料理自身生活，部分时间则用于民众教育的活动。这样，在院内外逐渐形成一种艰苦朴素的校风，当时颇为群众所称道。"勤俭办学则体现在"师生共同克服困难，所需费用都力求节约。因经营管理得法，学院无一件多余之物，无一员多余之人。院领导善于理财与用人，管理得法，真正做到财尽其流、人尽其用"。①

当时，江苏省立教育学院各系科学生勤奋学习，关心国家大事，踊跃参加学生爱国运动。在学院的培养和锻炼下，抗战前后涌现了大批优秀干部和建设人才。学院先后共培养学生1 300余人。抗战前，全国有15个省的一些学校慕名保送学生来院报考，入学直至毕业的即有110人。

三、蔡元培先生称赞"可为全省的模范，也可为全国的模范"

20世纪30年代，江苏省立教育学院的民众教育家和民众教育实践者不仅为培养民众教育人才开展了独具特色且卓有成效的工作，而且在民众教育理论体系的构建上也有重要贡献。这里仅列举他们的部分著述：

1930年10月傅葆琛著《乡村民众教育概论》；

1930年11月研究实验部编《民众教育新论》；

1931年11月李蒸著《民众教育讲演辑要》；

1931年12月甘豫源著《新中华民众教育》，后又有《乡村民众教育》《民众教育概论》《民众学校》等教育论著；

1933年3月孟宪承著《民众教育》；

1933年5月秦柳方等著《民众教育》；

1933年8月朱秉国著《民众教育概论》；

1934年3月高践四著《民众教育》；

1935年5月俞庆棠著《民众教育》；

1935年11月陈礼江著《民众教育》；

此外还有童润之著《乡村社会学纲要》，赵冕著《民众教育纲要》，古

---

① 童润之. 江苏省立教育学院始末记[G]//苏州大学原江苏省教育院校友会. 艰苦的探寻——江苏省立教育学院校友回忆录（第四辑）. 苏州：[出版者不详]. 2004：21.

楳著《乡村教育新论》《中国教育之经济观》，许公鉴著《民众教育论存》《民众教育实施法》等。

南京师范大学教授张蓉曾在其专著《中国现代民众教育思潮研究》中评价这一代民众教育者，认为"较之前期的教育者，民众教育倡导者们纵观中西，眼界更为开阔，对问题的认识也更为深刻"，"民众教育者们立足国情，以科学方法为指导来构建民众教育体系。他们将西方成人教育、社会教育的理论，与中国实际相结合，创造性地提出了民众教育理论"，"带来了教育观念的更新，丰富了教育理论"。①

著名教育家蔡元培先生在 1936 年任国立中央研究院院长时，写下《对于江苏教育学院的祷祝》一文（此处"江苏教育学院"即指"江苏省立教育学院"）。文中给予江苏省立教育学院很高的评价，称赞江苏省立教育学院"可为全省的模范，也可为全国的模范"，并感慨"我深佩高践四先生、俞庆棠先生及诸位同志努力于教育学院之热诚！"②

梁漱溟先生在 1946 年《高践四先生事略》一文中曾赞许江苏省立教育学院和高阳："江苏省立教育学院在先生领导之下，事业日趋开展。而学风优良，国内各大学所不多觏，声誉鹊起，向学者日众，参观请教者，日不暇接，遂蔚然成为国内民众教育运动之中心。学院名义虽为江苏省立，实际上全国各省均在院内设有公费学额，远如滇、黔、粤、桂、川、康、陕、甘学子，亦有负笈来游。于时，全国社会教育人才之训练培养，各地社会教育事业之研究实验，各省有关社会教育之法令设施，以及目前战时教育及社会服务事业，其间取法于江苏省立教育学院者盖不少。而皆行之卓著成效，则是先生之努力，不徒劳也。"③

---

① 张蓉. 中国现代民众教育思潮研究 [M]. 北京：中国文史出版社，2005：220-222.
② 蔡元培. 对于江苏教育学院的祷祝 [M] //田晓明. 高阳教育文选. 苏州：苏州大学出版社，2012：357.
③ 梁漱溟. 高践四先生事略 [M] //田晓明. 高阳教育文选. 苏州：苏州大学出版社，2012：359.

附

对于江苏教育学院的祷祝

蔡元培

蔡元培

民众教育，是帮助民众，使他们能达到自给、自管、自卫的目的。这些目的，小到一身，大到一国，与小于身而大于国的各种团体都是有的。例如身体上有消化呼吸等机关，是自给的；有脑部及神经系，是自管的；有筋力及爪甲等，是自卫的。又如国家，所有关于经济的组织，是自给的；关于政治的机关，是自管的；关于军事的编制，是自卫的。其他大于一身而小于一国的，如省、县、乡区以至家庭，都有这三种目的。这就是美国人所传颂的民享、民治、民有，也就是孙中山先生所主张的民生、民权、民族三主义；因为自给就是民享，也就是民生主义；自管就是民治，也就是民权主义；自卫就是民有，也就是民族主义。

江苏省立教育学院，设在无锡，院中分子，自然无锡人占了最大多数；但每一个无锡人都是江苏人，也都是中华民国的国民，所以每个人所练的自给、自管、自卫的能力，不但应用于一县，也将应用于一省，应用于全国。而这个练习的机关，可为全省的模范，也可为全国的模范。

我们现在考验九年以来教育学院的成绩，关于农艺的，有农场、特约农田、稻种繁殖区园艺示范区、水利垦殖合作社等；关于畜牧的，有特约养鸡场、鸡种猪种改良场、养鱼合作社、养羊养鹅养猪合作社等；关于工艺的，有妇女工艺训练班、儿童服务团、扛重队等；关于商务的，有信用合作社、信用生产兼营合作社、农村工艺品产销合作社、信用、生产、消费、产销、运输合作社、运销合作联合社、储蓄会、农村贷款处、借款联合会等，这都是自给的成绩。又有禁赌会、调解委员会、合作完粮、模范家庭、托儿室等，这是自管的成绩。又有对于疾病的防御，如卫生委员会、农村卫生所、民众保健所、简易治疗处、简易药库等；对于火灾的防御，有救熄会、消防队等；对于匪贼的防御，有保甲会、冬防团、地方自卫训练班等；关于体育的，有体育场、田径队、武术团等；这都是自卫的成绩。

　　但是这些成绩并不是突然产生。他那产生的原因，还不能不归功于教育。我们再一考教育学院本身的事业：如小学、民众学校、短期义务小学、义教试验班、日间短期义务班、劳工自己学校等，都是以学校形式推行教育的；如图书室、读书会、巡回文库、民众博物馆、民众阅报社、民众茶园、农友工余社、青年进修会、乡村改进会、改进会联合会等，都是以非学校的形式推行教育的；又如娱乐室、音乐队、唱歌队、工余剧社等，是以美术助成教育的。有这许多社会教育的方法，始能产生上节所举自给、自管、自卫的成绩。我深佩高践四先生、俞庆棠先生及诸位同志努力于教育学院之热诚！我敬祝无锡一隅的成绩，能推行于江苏全省，并能推行于全国。

　　（据蔡元培手稿，《蔡元培全集》第七卷，中国近代人物文集丛书，高平叔编，中华书局，1989年7月第1版）

第十四章 笃实践履且严格精勤，望之俨然而接之也温

作为大学校长，为人治事的风格各有千秋。高阳在众人眼中，究竟是怎样一位大学校长？我只能从他的友人同人和师生的印象中，从他的著述中读懂一些。

一、高阳之形象、高阳与师生

在江苏省立教育学院学生的记忆中，高院长花白霜发，常穿一身布质长衫，天热了就是一套白布唐装，脚穿布鞋，生活简朴。学生形容他是"望之俨然，接之也温"的良师，热忱待人、视学生如子女的可敬可佩的长者。"我们的院长高践四先生，办事严肃认真，一丝不苟，是当时人所共知的。他时时处处严字当头，不仅是对我们学生如此，对自身也是严以律己的。记得在我们四年的学习期间，每天中午，他都和我们男生在一个食堂吃饭。无论天气怎样炎热，他都是穿着整齐，从不脱去长衫、卷起衣袖，坐在凳子上，腰杆笔直，从不翘脚搁腿。先生一贯态度严肃，不苟言笑，我们学生见到他都是敬而远之，其实先生的内心是很慈祥的。"①

当年同学们对高院长关爱学生、严格要求的赤诚之心感受至深："在一次全院的学生大会上，践四师用恳切的言词说，我的子女可以交给高师母管理教育，而你们到这里读书，受你们父母的委托，我必须对你们负责。学校是传授知识之门，践四师更注意学生的品德教育。他启发学生自觉地用功读书，讲求品德修养，为从事乡村工作在思想上打好基础。"②

---

① 刘于艮.对高践四先生印象记［G］//苏州大学原江苏省立教育学院校友会.艰苦的探寻——江苏省立教育学院校友回忆录（第二辑）.苏州：［出版者不详］，1989：216.

② 陆培文.永远铭记的教诲——纪念践四师一百岁诞辰［G］//苏州大学原江苏省立教育学院校友会.艰苦的探寻——江苏省立教育学院校友回忆录（续集）.苏州：［出版者不详］，1992：52.

"高先生有一个特点，与学生谈过第一次话后，第二次就能唤出他的名字，他叫学生不带姓，只叫名字，似有家人的亲切之感。"① "高院长的午餐，是在我们的学生食堂，那桌有空位，他就在那桌。我们的伙食很好，四菜一汤，虾、肉、鱼、蛋，天天都有，另有加菜，例如肉丝炒鸡蛋等，两角钱一大盘。照顾北方同学，备有馒头，每桌都有。我们中，有少数同学，极爱干净，剥了馒头的皮才吃。高院长不声不响的走到他或她的面前，取起来吃，并说：'你们真外行，营养价值在皮上。'又严肃地向大家说，'你们都是走向农村的，如此不珍惜粮食！'从此，饭桌上的馒头皮，就很少看到了。"②

"高院长日常和我们共同生活，每天清晨参加早操，同在食堂用餐。常和学生谈心，谆谆善诱使我们如坐春风，深感温暖。""高院长操劳院务不遗余力，还亲自讲授《社会学》课程，旁征博引，讲解精辟，深入浅出，启发思考。除了介绍理论系统知识以外，注重研究当时社会实际问题。认为在这个贫穷落后的农业国，农民是普及教育的主要对象。主张为劳苦民众办教育，办教育必先从工农劳苦大众着手。""'对于社会实际问题，要认真调查研究，要先掌握社会实际情况，才能为劳动大众服务。''服务要热心，工作要踏实。从事教育工作，要以劳动大众为目的，千万不可把民众当作工具。'高院长不仅是这样讲的，而且也是这样做的。他言传身教和务重实践的高尚风范，对于我们起着耳濡目染、潜移默化的作用。"③

当年的学生刘于艮清楚记得，1936年秋他第二次担任学生会主席时，经过干事会的讨论，决定编一本同学录，大家要他请院长题签，于是他只得硬着头皮去敲院长室的门。想不到院长问明他的来意后，竟把手一伸说声"请坐"，接着问要写多大，横写还是直写，并当即取出一张信纸，工整地写了"同学录"三个字，旁边还签上他的名字。写好之后还问刘于艮这样可不可以，不行就重写。刘于艮还记得，那时梁漱溟先生写的《中华

---

① 陈汀声.忆高师两三事［G］//苏州大学原江苏省立教育学院校友会.艰苦的探寻——江苏省立教育学院校友回忆录（续集）.苏州：[出版者不详]，1992：32.
② 王璋.忆高院长二、三事［G］//苏州大学原江苏省立教育学院校友会.艰苦的探寻——江苏省立教育学院校友回忆录（续集）.苏州：[出版者不详]，1992：42-43.
③ 孙月平.丰碑永树　风范长存［G］//苏州大学原江苏省立教育学院校友会.艰苦的探寻——江苏省立教育学院校友回忆录（续集）.苏州：[出版者不详]，1992：47.

民族之最后觉悟》一书出版，学校特地在他们高年级开了一门选修课，由高院长亲自任教。"先生上课多采用讨论的形式，事先布置我们阅读几章几节，下次上课时可以各抒己见，相互讨论，课堂气氛，相当活跃。记得一次谈到美国政治民主时，没想到先生竟然指出资本主义国家的民主是假民主，他说总统、议员能当选，都是由某些大财阀集团在后面撑腰的，所以他们上台之后，一定要为他们的后台老板效劳，否则就要赶你下台。"①

平时高阳给人的印象多是不苟言笑，可实际上他也有幽默的一面。校友陆培文曾回忆："又一次全院学生大会，践四师在讲词中以诙谐的比喻，教育学生不做无锡出产的'油面筋'，外部看看膨胀很大，一遇热水萎缩瘪塌。要求学生在读书中不尚外表，应当脚踏实地掌握知识，树立正确的人生观。"

高阳为同学录题签

"一九三六年践四师出席北夏实验区组织的一次农民大会上，他从农民的实际情况出发，用无锡本地语言，手提讲台上的摇铃说，摇铃有铃锤才能发出哨哨之声，没有铃锤，摇铃喑哑无音，也就无从发挥它的作用和存在，劝导农民参加成人教育，扫除文盲，提高文化，增进知识。……而践四师这种深入浅出地启发农民，使我数十年来从事农业昆虫研究产生潜移默化的影响。"②

高阳也很重视学生的体育教育。1931年4月，江苏省立教育学院编印的院刊《教育与社会》第15期刊载了高阳应江苏省中等学校第四届联合运动会特刊征文所撰写的《对于体育的两个主张》一文，他认为体育对于学生来说与德育、智育一样重要，不可偏废，并指出普及体育的重要意义

---

① 刘于艮.对高践四先生印象记[G]//苏州大学原江苏省立教育学院校友会.艰苦的探寻——江苏省立教育学院校友回忆录（第二辑）.苏州：[出版者不详]，1989：216-217.

② 陆培文.永远铭记的教诲——纪念践四师一百岁诞辰[G]//苏州大学原江苏省立教育学院校友会.艰苦的探寻——江苏省立教育学院校友回忆录（续集）.苏州：[出版者不详]，1992：52.

在于"振起民族精神"。

当年毕业留院工作（1935年曾到江苏省教育厅工作）的朱若溪先生回忆高院长道："1934年春，我发现咯血，经X光诊断，肺部有模糊的阴影。我于是请了病假，返虹桥下的寓所治疗、休养。一天下午四点多钟，我听到房门外有叫我的声音。我走出来一看，愕然了！这真是出于我的意料之外，站在我面前的不是别人，竟是我的尊敬的先师！他对我微笑着，把手里提着的一瓶'司各脱乳白鱼肝油'递到我的手里，亲切地问我：'现在身体怎样'？我答复咯血有时停止了。他进一步安慰我要好好休养，说：'养好了身体才有事业。'……还劝我健康恢复后做一些轻微的体育活动。我接下了先师厚赠的药物，聆受了先师的教导，内心有说不出的感激，感到有一股热流在全身回绕。"①

二、对民众教育的理论耕耘和笃实践履

当年的学生刘光回忆道："平时高院长的态度是很严肃的，同学一般对他不太亲近。但他的生活行动，是非常受人尊敬的，因为他的言行是一致的，他怎么说就怎么做，他要求别人怎么做自己首先做到作表率"，"到农场去手持镰刀锄头和我们一起劳动，到工厂农村和我们一起访问工人农民。一切行动能和我们一样不特殊"。②

校友茅仲英记得："我在学时，到第三学期，晚间必须到学院附近农村中实习，有的办民众学校，有的办民众茶园，有的指导农民组织合作社。高师则常手提一盏马灯，到各农村中巡回指导。他是无锡人，常用无锡话与农民晤谈，使农民感到非常亲切。后来我到母院附设的南门民众教育馆工作，在最穷苦的劳苦大众集居的蓬户区（上海叫棚户区）中开展民众教育，晚间他来的次数很多，有时看我们教民众识字，有时看我们与大众一起开会，有时与个别民众谈谈，了解他们的生活。"③

---

① 朱若溪. 难忘的回忆［G］//苏州大学原江苏省立教育学院校友会. 艰苦的探寻——江苏省立教育学院校友回忆录（续集）. 苏州：［出版者不详］，1992：17-18.
② 刘光. 悼念吾师高院长［G］//苏州大学原江苏省立教育学院校友会. 艰苦的探寻——江苏省立教育学院校友回忆录（续集）. 苏州：［出版者不详］，1992：35.
③ 茅仲英. 高质量的奉献——纪念高师诞辰一百周年［G］//苏州大学原江苏省立教育学院校友会. 艰苦的探寻——江苏省立教育学院校友回忆录（续集）. 苏州：［出版者不详］，1992：21.

龚家玮在 1930 年秋考进民众教育系学习。他记得学院有个与众不同的教学实践创新。第一学年，学生必须风雨无阻地晚间到学院附近城乡各个民教园地去参观教学活动，在潜移默化中养成接近民众的思想感情。第二、三学年，学生必须参加一个民教园地的晚间教学活动，在实践中培养教学活动才干。最后一学年，把整个时间投入民教实验区，分组负责主办一个民教园地的实践，同时撰写毕业论文。专科以学期为单元去实践。学院把教学实践视同学业、品德一样重要。在一学年内从不缺席，学业、品德、教学实践均列甲等者作为四好学生，给予鼓励。龚家玮记得在第三学年开学典礼大会上，高院长郑重宣布上一学年四好学生名单，并颁发了大大的奖状，他也被列入四名四好学生之列。龚家玮还记得学院在每年秋季，总要和四乡农民一起举办一次为期三天的农副产品展览，一起挑选优良产品参展、参观、评比，最后召开大会，总结发奖，以鼓舞农工、交流经验，推广农技、良种、增加产量；同时，也是一项教学示范的综合实践。

作为民众教育家，高阳不仅勤于实践，而且注重研究和思考，不断探索民众教育、青年教育和乡村建设的真义，以图为民众教育实践构建思想和理论基础。我粗略统计，在 1929—1935 年间，高阳除发表著作《民众教育》之外，还就民众教育事业发表了多篇专题文章，并多次做相关演讲，主要包括：

1. 三十五年来中国之民众教育（1931 年 9 月为《最近三十五年之中国教育》纪念刊所作，后摘译成英文登载于美国《成人教育季刊》）；

2. 救亡与新教育（1932 年在大夏大学的演讲）；

3. 谈社会教育（1932 年在山东省教育问题研讨会上的演讲）；

4. 挽救农村衰落之方案（1933 年在江苏第六区地方教育研究会等处演讲）；

5. 从民众教育的起源及任务说到民众教育的真义（1933 年 9 月）；

6. 近七十年来中国教育改造之趋势（1933 年）；

7. 过去五年民众教育对于国家的贡献及今后应行努力的方向（1934 年 4 月）；

8. 民众教育任务与方法之探讨（一）（1934 年 9 月）；

9. 民众教育与乡村建设（1934 年 10 月在湖北农村建设运动大会上的

演讲);

10. 民众教育的实施问题（1935年在江苏省第一民众教育区社会教育研究会第二届大会上所作的报告）;

11. 中国民众教育服务人员问题（1935年1月）;

12. 三年来之中国乡村教育（1935年2月）。

商务印书馆创立35周年纪念刊《最近三十五年之中国教育》①

《教育与民众》四卷三期刊登高践四文章——三十五年来中国之民众教育

---

① 《最近三十五年之中国教育》是商务印书馆创立35周年纪念刊，1931年9月出版。16开本。分上下两卷。上卷就35年来的各种教育（包括小学、中学、大学、职业、民众、女子、艺术教育、体育以及教育行政），分别撰成有系统的专篇，叙述完整，论证详明。其中收录了高践四撰文。

在此期间，高阳也参与起草了江苏省推行民众教育的若干草案，包括《江苏省普及民众教育计划第二次修正草案》（1929年11月江苏省政府主席钮惕生指示起草）《江苏省各县县单位乡村民众教育普及办法草案》（1932年4月）《推行民众教育办法草案》（1933年2月为教育部举行的民教专家会议起草）等。

除了深入研究民众教育，高阳对职业教育、师范教育及成人教育在中国的发展亦有认真的思考。1932年9月在《江苏教育》第1卷7、8期上发表的《师范教育过去现在及将来》，1935年在《教育与职业》第162期上发表的《对于我国职业教育前途的蠡测》，都有其独到的见解。关于成人教育，早在1931年，高阳曾为雷沛鸿编写的《英国成人教育》作序，后来又曾以"成人教育的意义与推行要点"为题做过演讲。

江苏省立教育学院校友甘豫源先生曾在回忆文章（见附录）中写到他跟随高阳的体会，并总结出高院长的三点办学方针：第一，高院长主张学术思想自由。第二，高院长重视实践。第三，高院长力主扩大社会教育的阵容，力求在全国创新发展。

梁漱溟先生曾在《高践四先生事略》中这样评价高阳的治事："先生之治事办学，大抵可以笃实践履，严格精勤，规划有方，数语尽之。苏省教育经费例有积欠，垫支校用，校务进行，赖以不致中断，并得切实安定全校员生生活"，"先生过

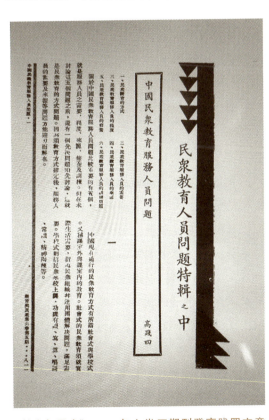

《教育与民众》1935年六卷五期刊登高践四文章——中国民众教育服务人员问题

去办学已以严格著名,自主持苏院后,管训学生,更尚刻苦,一切设计,必使有实施办法,而贯彻于力行之中。训导工作,每亲自负责,员生会食,每餐必参加,十数年如一日,从未见其稍厚以自奉也"。而就高阳对待师生的治事原则,梁漱溟如是说:"当时院内各教授亦有与先生意见不尽相同者,先生固坚持己见,务求贯彻。但对其它不同之主张,亦能兼容,使之有实验机会。因是,院中附设之实验事业,应有尽有,且由博及约,而类能有特殊之表现","于训练学生,除学习学科外,例以四分之一时间,在附属实验机关观摩见习,俾从事实际工作。先生既处处以才为教者如此,故出于江苏教育学院者,类能刻苦勤勉,长于实际工作,绝少浮嚣之气,为世所称"。①

雷沛鸿先生在《纪念高践四先生》一文中也写道:"高先生一生尽瘁于教育事业,他的教育思想乃至他的做人治事的态度都是起源于中国儒家的伦理观念,他教育子女,训导学生乃至立身行事,都约制在一个严字里面,而以刻苦坚毅的精神来力行。"②

附1

回忆高院长的办学方针

甘豫源

我追随高院长办学九年,不曾听到高院长公开讲演他的办学方针。但看他的行事,回忆他和我的谈话,可以理解他的办学方针。

第一,高院长主张学术思想自由。江苏省立教育学院是研究民众教育学术的机构,学术要不断地求进步,院内师生可以自由发表各自的理论和办法,互相切磋,以求进步。如果定于一尊,全院只有一套理论和办法,那就限制了学术的进步。果然,院内有人提出这个问题,建议起草一个大纲,交付院务会议讨论。高院长不赞成这个建议。有一次,中央政治学校一位教师率领十多名学生来院参观,高院长知道这批参观人不同于一般师范

---

① 梁漱溟.高践四先生事略[M]//田晓明.高阳教育文选.苏州:苏州大学出版社,2012:359.
② 雷沛鸿.纪念高践四先生[M]//田晓明.高阳教育文选.苏州:苏州大学出版社,2012:361.

生，可能要询及学院的民众教育理论与当今政治的关系，所以特派我招待他们，果然，他们问我：定县邹平各有一套理论办法，你院有没有？我说：没有，有了一套就限制了进步，但到目前为止，院内教师们所讲的民众教育理论，都符合于三民主义，此事我在寝室和高院长谈及，高院长点头同意。

第二，重视实践。高院长很愿倾听师生们提出的民众教育理论和办法，认为既言之成理，就可付诸实验。赵步霞先生根据孙中山的建国方略，军政时期结束，实行训政；训政三年，实行宪政，还政于民。他找学院附近的黄巷，办个实验区，以政治教育为中心，强迫普及识字教育。三年结束，评估成就再行推广。他工作不到半年，就去浙江教育厅当科长了。我接办了三年，三年后，他又回院任教了，他回院后，主张停办黄巷实验区，开办北夏普及民众教育实验区。我说："在黄巷搞结合生计的政治教育有些成效，强迫普及识字教育是失败的，只有二十多名中年青年人三年中，读完八册民众课本，熟练还不够。北夏是县以下的一个区，自然村五六十个，市镇有东亭、梅村二个，人口近二万，我没有信心在北夏区办普及教育。赵先生坚持要办，俞先生赞成，结果，高院长派赵先生主持其事，我为副。黄巷河对面有丽新纺织印染厂，有位房东在厂外造了几间楼房。同学茅仲英建议，借那几间楼房办个工人教育实验区，高院长准许了。办了二年多，知道工人一天工作十二小时，实在没有精力读书了，所以只搞些家事实习、清洁卫生及文娱活动，绝不可触及劳资关系。厂方有人暗中监视。工人教育实验停办了，改派茅仲英同学办南门民众教育馆，摸索城市的民众教育馆应办何事？能办何事？茅君办成黄包车合作社，拉者有其车，不受车行老板的剥削，高院长大力支持。徐寅初先生建议办民众图书馆，他获准先在河埒口，后在江阴巷办了图书馆，积极招徕并指导读者。院长又准朱若溪同学在高长岸村办民众教育馆，朱君在该村办茭白运销合作社及养鱼合作社均有成效。院长又准马祖武先生在光复门外办实验民众学校，从识字班衔接到初中程度，也卓有成效。惠北实验先由李云亭先生指导办理，组织学生下乡实习，后派王欲为、喻任声二先生先后主持其事，使学生在工作的成功与挫折中增长学识。

总之，高院长认为民众教育是新兴事业，高谈理论是不够的，必须付诸实践，必须尊重事实，莫夸成效，莫讳挫折，方能成为科学。尤须手脑并用，身体力行，养成教育者的良好品格。

第三，高院长力主扩大社会教育的阵容，力求在全国创新发展。

高院长没有加入国民党，但在国民党政府管辖之下，办个独立学院，也要在国民党内寻得几个支持的人物，这是必下的一着棋。国民党元老、考试院副院长钮永建热心社会教育，他在家乡上海俞塘办民众教育馆，经费在他薪水收入项下支付。他又在洛阳周公庙办民众教育馆，捐助了经费。他每年要来院一两次，和高、俞二先生研讨民众教育。还有一位国民党元老吴稚晖是无锡人，也是热心社会教育，支持学院的人物。高院长与他联系，表示尊敬。

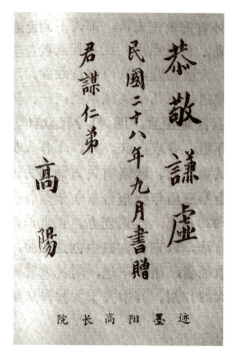 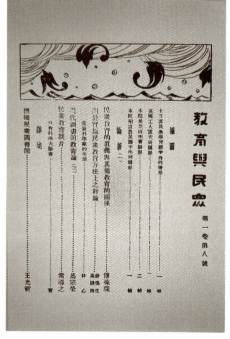

高阳题字"恭敬谦虚"   高践四与钮永建共同发表的文章

无锡当地的资本家与名士对高院长很尊重，高院长对他们也很尊重，他认为取得地方各界的支持，也是必要的。

（选自1992年编印《艰苦的探寻——江苏省立教育学院校友回忆录（续集）》，本文原载《无锡文史资料——江苏省立教育学院专辑》，此处有删改）

附2

对母院的深深怀念

王 璋

我是1930年到1934年民众教育系第一届的学生,1937年又回到母院研究实验部工作。1937年8月,战争烽火逼近江南,高院长电召返校,当时我在芜湖,因沿途遭狂炸,因而未能随母院去桂林。迄今已过了五十多个春秋。昔日的莘莘学子,有的已离开了人间,有的已进入高龄。追忆往事,恐挂一漏万,只能表示我对母院的深深怀念。

在中学,爱好文学,后如愿保送中大文学系,但受家中之阻,转而入母院,但仍有转学的想法。然而,我们的母院,像一个温暖的大家庭,像浓绿的惠山,像清澈的梁溪,使你再也舍不得离开她。同班同学秦湘荪,1931年暑假后,转学中大教育系,非常后悔,总想回来。学院的负责人,是高院长和俞庆棠老师。依我个人的看法,虽然都是留学美国,高院长受中国儒家的影响较多,俞师受西方民主思潮较多。两人有分歧,有争论。但在同一个办学宗旨下,能推心置腹,真诚合作,长期在一起。

母院的办学宗旨很明确,她是根据当时的形势所产生的。为了唤起民众、教育民众,设立民众教育系及民教专科。因为中国是农业国,农民最多,设立农事教育系及农教专科,所以我们的黄巷、北夏、惠北实验区,都在郊区。但在市区内,有以丽新布厂为对象的工人教育,有棚户教育,有为学徒们增长知识的江阴巷图书馆,一切都是根据民众的需要,我有时觉得无锡的市郊,就像母院的大实验区。

九一八事变后,郭影秋同学率领全校男女同学到南京请愿,要求政府出兵抗日,收复失地。当时,从校内到校外,掀起了抗日救国的浪潮,到处听到"我们在松花江上"的歌声,晚会上演出了"一片爱国心"的话剧,惠北实验区的喻先生,集训了两千多民兵,在院内大操场上受高院长的检阅,高院长亦以岳飞的"还我河山"相策勉。我院也接受了东北的流亡学生,两名女同学和我在一室,俞师常来慰问,并赠以生活用品。雷宾南老师在课堂的黑板上,写"一寸山河一寸伤心地"。

1932年淞沪战役,十九路军奋勇抗战,我院师生全力支援,不分昼夜。俞师带领同学到车站,送茶水,送食品,送慰问信、慰问袋,有力气的男同学参加担架队，抬伤兵送医院，其余的同学，纷纷成立宣传队。整个无锡城乡都是热血沸腾，这就是中华民族的浩然正气。

高院长是严父，也是慈母，平时和同学们在一个食堂吃饭，非常注意饭菜的营养。有一回，看到同学吃大馍剥皮，他就拿起来吃，并对那位同学说："你不懂，馍的营养就在皮上。"我们在大二时是不放暑假的。许多同学在各个民众夜校教课，有的在各实验区工作，夜晚返校有些疲劳。高院长没有派我出外，要我约几个同学办消费合作社，备有冰镇牛奶（那是在附近冰厂的冰，当时没有什么冰箱）和茶叶蛋等，都是本院农场的产品，其他如毛巾、牙刷、牙粉、茶杯、搪瓷缸之类。电教科同学还在前面草地上拉上电线，装了红绿小灯泡，同学们都欢天喜地，躺在草地上喝一点、吃一点。暑假结束，开个小会，移交给总务处，没有料到高院长来参加，称赞我们办得好，并举起手来说："我赞成再办下去。"

大学四年级的上学期，我和唐两仪、曾鲁、孙有良等，被派往梅泾乡实习，我教妇女识字班，和她们生活在一起。我正在应征南京中山文化教育馆的大学生征文（救济中国农村经济方案），将要完成，但每周必须回校一次，到图书馆找资料，徐旭馆长、杨希文同学等，都协助我，后来，我得了奖，应归功于大家对我的关怀和帮助。学校决定派我、叶蕴贞、张家成、虞杏林四人，到山东邹平参加讲习班，听梁漱溟先生的乡村建设。我班上的学生，姑娘们最多，硬不放我走，轮流地看住我，扣下行李，经过许多次的劝说，最后让我坐了她们的船回学校，不料船上埋有锣鼓，一路上敲敲打打。还有一部分学生走陆路赶到前面，在校门口等船一到，就放起爆竹来，院内老师同学都出来迎我，最后高院长、俞师都来了。我在梅泾实在没有做什么事，感到万分的惭愧。

中国社会教育社前后开了四次年会，我参加了三次（济南、开封、广州），我虽然是大会记录，但时间久远，记不清楚，会议内容大致是这样：从民众教育讨论到乡村建设，从抵御外来侵略讨论到复兴中华民族。谈到国防教育，平时是农民，战时是军人，等等。

我们的母院是竭尽全力来振兴中华民族，培育和爱护与民众共甘苦、与国家共存亡的学生，我院的创办和实施，是时代的骄傲。国内有志之士，纷纷前来。例如陈礼江老师，不做厅长，而来当教务主任。

我想，我们的母院是光辉灿烂的，在不平凡的时代里，做出了不平凡的贡献，她的一切，至今仍然存在。

（选自1992年编印《艰苦的探寻——江苏省立教育学院校友回忆录（续集）》，此处有删改）

第十五章 传统文化温暖大家庭,谦虚勤俭培育有用人

高阳拥有一个虽不富裕但很温暖、充满中国文化传统气息的大家庭。妻子沈志芬为他生育了四男八女。除了二女儿和六女儿出生后早殁,其余十个孩子都由高阳夫妇在辛劳中将他们抚养教育成人。这十个儿女是长女高瑞玉、长子高文凯、三女高庠玉、次子高文藩、四女高润玉、三子高文尹、五女高瑾玉、四子高文赐、七女高崑玉、八女高理玉。

高阳全家福

(摄于1933年。照片中前排右起:高阳、四子高文赐、七女高崑玉、夫人沈志芬;后排右起:五女高理玉、四女高润玉、长子高文凯、次子高文藩、长女高瑞玉、三女高庠玉、三子高文尹)

"人生当自立",高阳一生以此自律,并以此严格要求自己的子女,从小养成他们自力更生的习惯,使之学有专长,为民造福。高阳在江苏省立教育学院工作时,因为长女高瑞玉学过医,父亲就要求女儿每周三次到附近的南门民众教育馆,为劳苦民众治疗普通疾病,不取分文报酬。高阳还曾让长子文凯学养蜂,也是为兴农服务。只可惜,后来的战乱与生活的艰辛先后夺去了高瑞玉、高润玉、高文凯和高文藩四位青年如火如花的生命。

七女高崑玉与八女高理玉
(摄于1937年前后)

从现存很少的外公家庭生活记述中,我找到他的三女儿即我母亲高庠玉留下的两篇回忆文章和一些片段的记忆。还有我们孙辈称呼为七阿姨或七嬢嬢的高崑玉(大连理工大学退休教授),也讲述过一些关于无锡老宅的儿时记忆。

高阳与亲友
(左一高阳次子高文藩,左二高阳弟高明;右一高阳长女高瑞玉,右二高阳长子高文凯,右三高阳)

七阿姨高崑玉回忆，为了上学，小时在无锡新彩路住过两年。现在她分析起来，父亲高阳倾家产创办私立无锡中学之后，全家先是在无锡租房住了一段时间，而后在无锡重新盖了新彩路的房子。七阿姨记得，在无锡的高家前辈曾和荣家关系很好，她猜测高阳倾家兴学后或许荣家帮助过高家。当时是三家房子挨着，依次是高阳堂兄弟高尚德家、高阳家和高阳的弟弟高明家。高阳和高明系同父异母。高明是高阳的张姓继母所生，所以高明年纪比兄长高阳要小得多，和高阳长女高瑞玉后来在江苏省立教育学院同过事。高阳待继母、高明和高家亲友一直都很好，高崑玉记得她在无锡就曾和继祖母一起住。她记得新彩路的环境就像现在江苏省苏州市的周庄古镇那样：家门旁有界牌，门前有小河；小河上有小桥，还有小码头。家中有三间房，有小花园和小阳台，还有水井。房子后面是城墙，还有大河。新彩路的位置应该在现在的无锡市梁溪区内。

　　据母亲高庠玉写的回忆文章，她 1919 年出生在上海宜昌路、江宁路（当时的戈登路）一所花园洋房里，人称高公馆，位于当时大有榨油厂附近。工厂与洋房都是她的祖父高秋荃的产业。她的母亲沈志芬没有上过学校，只在结婚后学了点文化，但头脑清楚，安排家务井井有条。高庠玉出生时，祖父的肺病已很严重，因担心婴儿吵闹影响祖父养病，家人便把她送到无锡通汇桥的住宅。从 1920 年到 1927 年，高庠玉大多是在无锡通汇桥住宅里生活的，还与二弟高文藩一起在通汇桥小学上了两年学。那时正是军阀混战时期，高庠玉小时候听大人说是军阀在江浙一带打来打去，所以从她有记忆的三四岁开始，到举家迁居回上海，五六年间经常要逃难躲避战乱。

　　无锡通汇桥住宅的门口是一条南北通达的河，当时物资运输主要靠这条河，是无锡的交通枢纽。每逢家门口一过兵，就得关紧大门准备逃难。有时是逃到无锡城里她的外婆家，城门一关败兵进不来。还有一次是1924—1925 年间，全家在无锡城里租了房子住下，一间大房间大大小小住下十几口。也有几次逃难是逃到上海，大人们在屋里打行李卷，孩子们在旁边看着，甚至还有几分高兴，又要去上海了！可是父母亲的心情当然是另一样的，要操心该带走什么物品，留下的东西怎么收藏起来，留下谁看家，等等。到上海后有时就挤在亲戚家住，直到大约 1927 年，记得是小学三年级，高庠玉转到了上海的小学读书。

除了母亲高庠玉的这些回忆文字，我还在母亲留下的物品里面找到两页外公练字的手迹和外公一本残缺破旧的字典。字典扉页上母亲写的一句话，让我体味到她很少流露的女儿对父亲之深厚感情："廿六年二月廿三日，父自锡来，午前，游山遇雨，遍衫淋浸。四时后来校，仅逗留片刻，遗舍此书，即匆匆返锡。当珍摚之。庠玉志于姑苏　二．廿三．廿六。"

高庠玉写过两篇回忆父亲的文章，以下是1989年的一篇，从中亦可体会高阳对子女的教之严、爱之深。

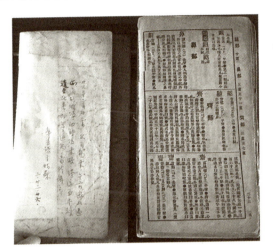

高阳留给女儿高庠玉的字典

畫眉聲裏推蓬
坐不是看山便
讀書過惠山
路轉弓彎三里
瞭好風猶趁半
帆斜鶯聲滿店
二泉酒春雨維
舟一樹花白髮
來遊嗟已晚青
山如畫欲移家
幾時來傍禪燈宿
惠麓雲中汲井華

高庠玉留存父亲高阳习练书法

高庠玉留存父亲高阳习练书法手迹（录清代袁枚《随园诗话》中诗词等）

附

难忘的教诲——再忆父亲

高庠玉

苏州振华女中
求学时期的高庠玉

时间已经过去半个世纪了，自己也已届古稀之年。但回忆起当年父亲的教诲，对自己品格的形成是深有影响的。父亲去世那年，我二十四岁，最小的妹妹刚八岁，可是我们兄弟姐妹对待事情过于认真的态度，却是一脉相承的。我们平时和父亲接触的时间不多。我刚上小学时，全家住在无锡，父亲却在真如暨南大学工作。后来家搬到上海，父亲又到无锡教育学院工作。一九三一年，全家又搬回无锡，但星期日和节假日，亦不常见到父亲，他总是忙于主持校务。直到抗战期间，我们全家和教育学院一起，辗转东西，和父亲接触机会才多一些。父亲的言传身教，一直留给了我深刻的印象。

一、为人要诚实

一个夏天纳凉的晚上，父亲从真如回来过星期日，给孩子们讲了"华盛顿砍樱桃树"的故事。美国第一任总统华盛顿小时候，一次用他的斧子在园子里砍了他父亲的樱桃树。他父亲很生气，追问是谁砍的樱桃树，一定要狠狠惩罚。华盛顿勇敢地承认了错误，他父亲非但没有惩罚他，还表扬了他的诚实。父亲一九一八年从美国学习归来，带回一柄木质的斧子，上面画有华盛顿砍樱桃树的故事。父亲告诫我们，为人要诚实，要表里如一。我当时刚进小学，但这个故事却深深地刻在我心里。

二、克勤克俭

我们从小熟背"黎明即起，洒扫庭除。……一粥一饭，当思来之不易。一丝一缕，恒念物力维艰"的曾氏家训。对曾国藩这个人，要另做历史唯物主义的分析。父亲要我们熟背的这些话语，却一直成为我几十年来的生活习惯。

珍惜时间，不要懒惰。我一直养成这样的习惯，利用好每天、每月、每年的时间，不浪费一分一秒。这是父亲留给我的一笔财富。如果每天少浪费一小时，一年等于多365小时，这是一笔多大的财富呀！

养成勤俭习惯。我们小的时候，虽然家里有保姆帮忙，但孩子们早起必须分担家务，扫地、擦桌子、洗杯壶。记得住在上海读小学时，父亲让我去扫家门前的弄堂。我心里很不愿意，怕别人家笑话。父亲看出我的心理，就让一直扫到小弄堂。我高中阶段，一人在外地住校。开学时家里把一学期的钱全给我了，嘱咐我节约使用。我交了学费、宿费、膳费外，计划好每月零花。从不去和别的同学比阔气，也不再要家里寄钱。直到现在，虽然自己物质条件很好，但"一丝一缕恒念物力维艰"的告诫，仍时在自己念中。

三、谦虚谨慎，戒骄戒躁

我从小学到中学，学习成绩在班上一直是名列前茅的。但我从未从父亲那里得到过什么表扬和奖励。一次，我把一篇受到好评的作文给父亲看。父亲说："文章写得平平。作为好文章，还有差距。学好、写好本国语言文字，这是应该的，今后应该努力学好语文。"父亲说："钟鼓虚，故受考；笙竽虚，故成音。"告诫我们要谦虚谨慎。对待工作，要战战兢兢。只能做好，不能做坏。我想这就是为什么我们兄弟姐妹都有对工作过分认真，有时让人有"过分"之感。

四、怎样有效地读书

怎样读书收获大、效率高？父亲指导我们，计划读完一本书，可每天读一、二章，几天或几星期读完。可几本书同时读，先读这本书一小时，休息片刻，再读那本书一小时，几周或一月读完。我一九四〇、四一年在养病，就是按这办法读了不少书。现在想起来，这是符合科学规律的。因为紧张读书超过一定时间，大脑进入抑制状态，理解与记忆均要经过短时间休息才能恢复。一本书分几次读完，每次会加深巩固印象，比一次读完树立概念要巩固。

五、对大自然的爱好，会使你心胸宽阔

赶上假日父亲没有公务，就会带我们去爬惠山，荡太湖。爬惠山，常从后山上去，过七十二个摇车弯，看谁先到峰巅。从后山上山，是比前山难的，下山时，告诉我们要身子落在两腿后，不能前倾，防止重心到体外摔下去。一次父亲还带我们上惠山雪战。培养我们不怕冷、不怕难的精神。父亲总是带我们到游人不常去的地方去。一次带着我们一群孩子，排着队沿着雪浪山步行，足足走了一、二十里地，边步行边吟诗，大家兴致很高。有时到太湖去，让孩子们分身划船，比赛高低。父亲爱吟的诗有惠山、有太湖，如"前林远，微见疏层掩映，苍茫先结幽兴。江湖惯识丹青意，画出数峰端正"。有"三万六千余顷阔，一色净溶天影。"这些景色、这些诗句，使我心胸宽阔，以后在工作上、在生活中，能承受艰难。故乡美好的景色，直到现在仍时时浮现在我眼前。

六、做一个有用的人

青年人的幻想，常常是海阔天空的。将来要成为一个什么样的人？父亲总是教导我们，要学会本领，做一个对社会有用的人。父亲把大女儿送去妇产专科学校，把一个儿子送去纱场技工班学习。他说，不望你们成名成家，望你们能做一些实际工作，有益于社会。一次父亲针对我的好高骛远说："不要看不起教育工作，教育工作的对象是人，人是活的，他的变化比物的变化更复杂，做一个好的教育工作者是不容易的。"我的四个兄弟姐妹，都在抗战的艰难岁月中去世了。我父亲也在一九四三年去世了。留下我们六人。以后，尤其在解放以后，都在自己的岗位上做了对社会有益的工作。

父亲去世已经四十六年了。他在家庭教育方面，给我留下了深刻印象。可惜对他当时的教育思想与工作作风，没有接触，没有了解。但我总感觉父亲有一种不求功名利禄、不进官场之心，他留下的笔迹有："未必无心唐社稷，金丹一粒误先生。"父亲的一生是为教育事业鞠躬尽瘁的一生。

一九八九年十二月五日

（选自1992年编印《艰苦的探寻——江苏省立教育学院校友回忆录（续集）》）

第三卷

为国为民培植人才，艰苦卓绝尽瘁教育

（1937—1943）

第十六章　战事起西迁途甘苦与共，
　　　　国难前聚群力坚定育才

　　九一八事变后，日本又曾在 1932 年 1 月 28 日晚发动海军陆战队突袭上海闸北，当时十九路军奋起抵抗，给日军以迎头痛击。一·二八事变后，高阳多次在学院周会上发表慷慨激昂的讲话，告诫大家国难深重，呼唤师生救亡图存。上海军民打退日寇进攻后，十九路军驻防无锡整训，高阳和师生热烈迎接在沪英勇抗日的蔡廷锴军长和在沪坚守吴淞要塞的翁照垣旅长等到学院操场检阅军队、进行军事训练，教育学生。

惠北与北夏实验区开办自卫训练班（原载于 1936 年 2 月《教育与民众》第 7 卷第 7 期）

第十六章 战事起西迁途甘苦与共，国难前聚群力坚定育才

1936年3月和1937年4月，高阳发表了《非常时期教育的分析》和《在未战之时当作战时设想》两篇文章，指出知识分子应打破学校这个圈，与民众打成一片，共同奋斗。高阳还请蔡廷锴将军及十九路军师长等来校讲演，号召学生参加抗日。为配合抗日宣传，学校设立民众广播电台播放抗日救亡之声，组织成立抗日救亡宣传队深入附设各实验区巡回演出，向民众进行抗日救亡宣传。

1937年七七事变之后，日本发动全面侵华战争，紧接着八一三事变，日军在上海发动淞沪战役。

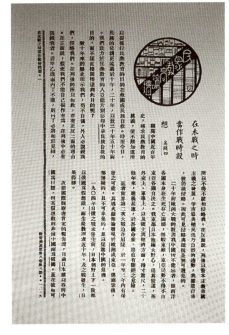

《教育与民众》刊载的高阳文章

因无锡距离上海仅一百多公里，江苏省立教育学院的形势顿时紧张起来。为了保护学生的安全，避免敌机空袭，学校在9月10日开学时就把三分之二的师生分散到乡间，在两个民众教育实验区上课。10月上旬，敌机开始轰炸无锡，学校又将其余师生疏散到另一个乡区。师生在无锡南郊和东郊北夏等实验区继续坚持上课的同时，设法先在江苏高淳预借了庙宇祠堂，以备必要时迁移之用。

同年11月5日（农历十月初三），侵华日军在金山卫沿海地区登陆，屠杀平民，制造了"十月初三"惨案。数日后学校得悉金山卫敌人登岸的消息，预料敌人可能由无锡附近宜兴等地进攻南京，立即决定西迁。西迁之前，学校将图书、仪器、家具等物资分散到郊区熟识的农民家里委托代为保管；除少部分师生自愿回乡之外，大部分师生和教职员眷属在11月15日前分别从三地出发，去往汉口。

高阳率领师生踏上了艰苦的行程。当时随队西迁的师生多年后回忆，在去江苏溧阳、高淳的途中，师生们为避开敌机扫射只能昼伏夜行。行进时，敌机照明弹四处闪闪，自远方传来枪声阵阵，而高阳却毫无惧色，他

低吟李煜"故国不堪回首月明中"和岳飞《满江红》等诗词，激起同学思乡怀国之情，更激起大家对侵略者的愤慨和"待从头收拾旧山河"的报国决心。此时，高阳也更坚定了要为民族复兴培养人才的信念。

在西迁的队伍中，有少量学校教工的眷属随行，包括高阳的家人。怎料刚刚行至高淳，高阳的长子高文凯肺疾复发，病情严重，再难随队长途跋涉；而此时敌军紧迫于后，行程不容延缓，高阳想到全院师生安全责任在肩，当即与夫人商量，忍痛将文凯托交小庙中和尚，舍子前行。

起初，学校还计划在高淳结束秋季学期的课程，所以约定自各地出发的师生到溧阳集合，同赴高淳。不料因形势转变太快，一部分先到宜兴的师生中途折而向北，到镇江、南京，或乘轮到汉口，或乘车到徐州，有的师生就留在了徐州工作。大部分师生仍到溧阳集合，同赴高淳后转到芜湖，搭乘民船和汽轮去汉口。12月4日，自镇江、南京及徐州到汉口的师生也来会合；可是考虑到当时的经济困难，又不得不设法疏散师生，"凡学生有实习机会者都劝他们去实习。其他无论如何愿随学院同行者，所有新旧师生及毕业生一律欢迎加入同行"①。大家在汉口逗留了大约一星期，电影播音教育专修科的师生被送往重庆，其余大部分师生和教职员眷属前往长沙。在长沙借湖南省立农民教育馆及益湘女中等场所，复课将近三周。

原本学校想迁往湘西做较长久的停留，但后来决定转向广西迁移，原因主要有两方面。一是曾任广西省教育厅厅长的雷沛鸿（广西人）一度在无锡担任江苏省立教育学院教授兼研究实验部主任，在其厅长任内每年都保送一些学生到该院学习，密切了广西和该院的关系。二是中国社会教育社1935年曾组织由俞庆棠带队的广西教育考察团，其主要成员是教育学院的教师和毕业生，她们在广西受到地方政府的热烈欢迎，并考察了广西国民教育制度实施情况，回无锡以后做过宣传。基于这些历史渊源，学校决策迁往广西。

转过年来，到了1938年1月初，师生们雇船启程去衡阳。十多天的水

---

① 高阳.抗战以来的江苏省立教育学院[M]//田晓明.高阳教育文选.苏州：苏州大学出版社，2012：300.

路行程中，高阳不放松学生们的学习，倡议在船上讲课，令师生精神焕发。每天上课数小时，当船行逆水时，高阳就与师生一道上岸拉纤。面对难以预卜的前途，高阳对师生说："国难当头，重任在肩，今后旅程，可能更为艰辛，生活也许更加艰苦，各位与本人同行，本人当与大家一同有饭吃饭，有粥吃粥，甘苦与共，决不有负一人。"① 师生都很感动，更增强了不惧艰险坚持学业的决心。大家到了衡阳，再等待便车，一路艰辛，终于在1月20日前后，师生和教职员眷属约二百人到达了广西桂林。

到桂林安顿下来后，高阳立刻借用广西大学文法学院的校舍，让师生继续上课。有位校友回忆那时的情景，一个星期一，照例上课前要先集会由高阳院长讲话，不料大雨滂沱，这位同学觉得雨太大实在没法去，认为高院长可能会延迟开会，但犹豫一阵之后还是冒雨去了，只见高院长早已站在台上讲话，全身都已湿透。就是在这样的环境下，高阳和师生们克服了重重困难，又坚持上课三个星期，终于完成了1937年秋季学期的课程。

从1937年9月到1938年2月，江苏省立教育学院的师生常在搬迁之中。高阳后来回忆起这一段经历时，还对大家的帮助念念不忘："一路承校友、民众、各省地方当局及爱护本院之人士予以援助鼓励，感激非可言宣。"②

这次西迁办学，高阳和当时许多内地大学校长一样，一心为国家保存大学，为抗战保存和培养人才，他们的艰辛努力和心血付出，苍天可鉴！而高阳更多一层失去爱子的彻心之痛。在西迁师生辗转芜湖、长沙到衡阳的途中，传来了高文凯在高淳病逝的消息。文凯是高阳最喜欢的儿子，自幼聪明好学，唐文治先生曾夸奖他"倜傥喜谈兵，余许为大器"。在父亲教导下，文凯也很自立，积极为兴农服务，学习养蜂。他在高淳病重时已经整整25岁了，当时弟弟妹妹们得知要将大哥一人留下不禁痛哭，要背起他一起走，而文凯深明大义，只是摇头。他病逝后，庙中和尚感于高阳的精神，用给自己留的棺木装殓了高文凯。高阳得此噩耗后，强忍心中悲

---

① 周俊元，孙诞先.民众教育家高践四——纪念高院长诞辰一百周年[G]//苏州大学原江苏省立教育学院校友会.艰苦的探寻——江苏省立教育学院校友回忆录（续集）.苏州：[出版者不详]，1992：10.

② 高阳.抗战以来的江苏省立教育学院[M]//田晓明.高阳教育文选.苏州：苏州大学出版社，2012：300.

痛,继续带领师生西行,直至安全到达广西桂林。

高阳长子高文凯

1937年全面抗战开始后,高阳曾应邀为《教与学》① 期刊第3卷第4期撰写《抗战时期之民众教育》一文,抒发其真诚爱国之心和牺牲为国的勇气,以及对民众教育如何服务抗战的认真思考:

"在抗战时期国家唯一的需要是集中全力维护民族生命。为了要达这个目的,全体人民都须具有下列数种条件:

(一)杀身成仁、牺牲为国的决心与勇气。

(二)热烈真诚关切的爱国心,及从这种爱国心所发出一贯的行为。

(三)输财为国,源源接济之牺牲精神。

(四)镇静勿慌,就各人本位事业加紧工作。

(五)推进生产事业,节省无谓消费,以充裕抗战之资源。

(六)联络合作,同心同德,任劳任怨,维持后方秩序,增加抗战力量。

(七)不稍存苟且偷安之意,而有准备长期抗战,求得最后胜利之决心。"②

"在分析了抗战时期国家需要与民众生活状况与需要,及这两方面(国家的需要与民众生活需要)的相互关系之后,我们可以根据这个分析结果,研究抗战时期民众教育应该怎样实施。我们已经明白国家的需要与民众生活需要是有密切关系的,是一而二、二而一的。同时,我们又明白为集中力量维护保持民族生命,适应抗战时期国家唯一的需要计,全体人民须具有七种条件。至于抗战时期各地及各方面民众的生活需要,共计不

---

① 《教与学》月刊创刊于1935年,由正中书局发行,主要栏目有"战教动态"等。
② 高阳.抗战以来的江苏省立教育学院[M]//田晓明.高阳教育文选.苏州:苏州大学出版社,2012:246-247.

下二十余种。就民众教育立场上说,怎样才能满足这七种条件和二十余种需要呢?初看了,岂不是头绪纷繁无从下手吗?在这种头绪纷繁的情形之下,实施民众教育,有没有提纲挈领、执简驭繁的办法呢?有的。这种提纲挈领、执简驭繁的办法,便是'团体组织与运用之指导'。在平时,民众教育本应当注重指导民众,运用团体力量解决社会问题。在抗战时期,民众教育不但不能外乎此,并且更应当注重这一点。战国时孟子问梁惠王的话问得很好,'孟子曰:独乐乐,与人乐乐,孰乐?曰:不若与人。曰:与少乐乐,与众乐乐,孰乐?曰:不若与众。'独自不若与人,与人不若与众,岂但乐乐如此,其实世事莫不皆然。试观抗战时期国家需要人民具备的七种条件中的任何一种条件,独自有,何如与人有;与人有,何如与众有呢?又试观在抗战时期从事满足民众生活需要的工作,独自进行,何如与人进行;与人进行,何如与众进行呢?在这里我们应当注意,所谓与人与众都含有团体组织与运用的意思,如乐乐的音乐队,从戎的军队,推进生产的经济组织,从事救济事业的慈善团体,宣传工作的宣传队等等,不胜枚举。所以我们可以归纳起来说,抗战时期民众教育的中心工作是团体组织与运用的指导。"①

附

一个教授上一个学生的课

孙诞先

1938年1月,我随校到达长沙。长沙是湖南省会,粤汉铁路线上的大城市,军事上的重镇。当时,扼粤汉铁路南北两大重镇——广州和武汉,已受到日寇军事上的严重压力。为妄想早日打通粤汉铁路以控制中国,迫使中国政府投降,虎视眈眈,空袭频繁,长沙亦为日寇重点空袭目标。这时,长沙已全面实行战时体制,学校的教育内容,工厂的生产品种,都要纳入战时体制的范围。

江苏省立教育学院一迁到长沙,高阳先生就积极安排上课。没有教

---

① 高阳.抗战以来的江苏省立教育学院[M]//田晓明.高阳教育文选.苏州:苏州大学出版社,2012:249-250.

室，没有课桌，也没有平时上课的那样环境，只有一张方桌，两条板凳，"教室"是小小的，窗户的缝隙中还不时吹进刺骨的寒风。

上课开始了，当时民教系二年级学生走散剩我一人，还会上课吗？我正犹豫，可高师准时地坐到我的左侧，用梁漱溟先生著的《乡村教育的理论体系》作为临时课本。他结合战时实际，有声有色地指出战时的乡村教育，首先应该是：教育群众、宣传群众、组织群众、武装群众，做到人自为战，才能立于不败之地。高师的这一精辟论点，为我以后一段时间参加湖南省战时农村工作打下了思想基础。

那天大雪，气候寒冷。可是高师以一腔育人的热忱之心，滔滔不绝地为我讲课，忘掉寒冷，忘掉自身因长期劳累而引起喘咳，我被这一位具有高尚情操的伟大教育家所感动了。翻开近代中国教育史，有谁以一位大学校长、大学教授而给一个学生上课的？尤其是在那恶劣的环境下。有的，那只有也是唯一的是高阳先生。

（节选自1989年编印《艰苦的探寻——江苏省立教育学院校友回忆录（第二辑）》，有改动）

第十七章 送家眷羁沪拒任伪职，
冒风险孤身重返桂林

1938年春夏，西迁桂林的江苏省立教育学院基本上恢复了教学。但随行来桂的教职员家眷中有老有小，还有家眷生了病，在远离家乡的广西，这于教职员工作和生活都是不小的负担。为能专心工作，教职员陆续设法将家眷送回或转移至安全之地。高阳和俞庆棠也决定，尽快护送家眷返

江苏省立教育学院劳作师资专修科第一届毕业摄影（一九三八年七月于桂林）
前排左起：韩天眷、贾劭华、俞庆棠、顾复、×××（不详）、高阳、童润之、×××（不详）；
中排左起：李友松、唐桐侯、刘同圻、秦柳方；
后排左起：徐韵英、袁文秀、吴桂贞、周玉琳、徐菊英、张云秋、恽秉汉、林文祥。

沪，安排好后立即返桂（当时日军已占领上海，苏州河以北为日租界，黄浦、静安等区域仍是英美租界，亦称公共租界）。在此期间，学校安排当时的教务主任童润之先生担任代理院长。然而此一去，由于种种战事变化，高阳不得已滞留上海，一年多后才艰难返桂，而俞庆棠则未能返桂，转往四川从事民众教育工作。

高阳安排好学院院务之后，在1938年夏携家眷出发，为安全起见绕道香港返沪。一行全家老小十几口，最小的女儿高理玉仅三岁。料想不到的是，到香港之后，大女儿高瑞玉患上肺病，因而不允许上邮船，致使全家人困于香港九龙，几经辗转高阳才带着属回到上海。他本想安排好家眷后立即返桂，却又因战事变化——1938年秋侵华日军开始进犯华南，归路阻断，只能暂时滞留上海。

高阳长女高瑞玉（曾服务江苏省立教育学院，1940年病逝）

返沪后，全家先在大西路租住学生住房，又因住房被占用，一家人被迫迁到江宁路，十几口人挤住在面积仅20多平方米的房屋。由于居住拥挤无法隔离，家中次子、三女、四女等多人染上肺病，而其余子女大多或上学或幼小。高阳为维持全家生计和治疗家人肺病，只得到东吴大学等处临时兼课，十分困难。此时，汪伪政府通过中间人几次来传信说情，要聘高阳出任江苏省教育厅伪职，企图以高薪厚禄收买正处于困境中的高阳，但均被高阳严词拒绝。正如梁漱溟先生在《高践四先生事略》中所述："二十八年南京伪组织酝酿之前后，敌伪对居留沪租界稍有名望之华人利诱威迫，无所不用其极，稍一不慎，辄不免失足之恨。先生既有名于时，不可不早有以自处。二十九年春遂毅然诀别妻子，只身间道入内地，重返桂林。去时发黑，来时鬓斑，其间辛苦可以想见矣。先生到桂时，与友好门生相见，辄复微笑，若以家庭不足重，得呼吸自由中国之空气，重理旧业不胜其欣慰者。"① 可见高阳为重返学院、抗战育才之义无反顾。

在高阳离桂的一年多时间里，童润之代院长亦肩负重任，带领大家克服战乱导致的经费欠缺、远在他乡等种种困难，使江苏省立教育学院在广西立足。为学院生存发展，童润之先生努力争取广西省教育厅支持，在1938年秋及1939年春两学期为广西举办国民教育实验区，代办东兰实验国民中学；为提高教学质量，还积极聘请当时来桂的专家学者如胡愈之、刘季平、千家驹、盛成中等人来院讲学或做时政报告。

高阳返桂以后，在沪家人合影
(前排左起：八女高理玉、七女高崑玉；后排左起：四子高文赐、五女高瑾玉、三女高庠玉、三子高文尹、夫人沈志芬、四女高润玉、次子高文藩)

---

① 梁漱溟. 高践四先生事略 [M] //田晓明. 高阳教育文选. 苏州：苏州大学出版社，2012：359.

高阳返回桂林后，立即投入学院工作。1940年3月15日，江苏省立教育学院在桂林举行纪念大会，庆祝并纪念建院十二周年。当时高阳正因公赴渝，不能出席，特地发表祝词勖勉师生。祝词全文如下（原载《教育通讯》第3卷第13期）。

一、培养国家元气

民国二十六年夏秋之交，中日战事发生，本院离上海战地很近。在八月下旬决定照常开学上课之前，即向本省当局陈明并与院内全体师生约定，为培养国家元气及对敌人争气起见，抗战一天，本院当积极推行一天，遂于同年冬季本院迁移过湘途中，又向本省省政府前当局及教育部报告并请示。三年以来，幸赖本省当局之维持，中央之督导，西迁时沿途各省当道之援助。到桂后，桂省当道及地方人士精神上实质上之指导资助，院内全体师生之刻苦奋斗，各地校友之努力服务并积极为本院之声援，本院事业，不但得以不废，且能尽量开展。今距抗战最后胜利之期日近一日，同人一息尚存，自应益自奋励，力图推进本院事业，期遂培养国家元气，并对敌人争气之初衷也。

二、养成民族大团体

中国民族之自救，中国问题之解决，须赖民族大团体之养成。孙中山先生在民族主义最后二讲中，曾剀切说明。此乃救国之唯一康庄大道。惜国人虽皆研究三民主义，对此要点或忽略不注意，或认不清楚，或虽知其重要而不知如何养成民族大团体之方法。本院师生十余年来，从事社会教育①及农业教育之研究实验与推行，同时体验中山先生所指示培养民族大团体以救国之大道，得有下列之醒悟：

（1）民生民权民族问题，换言之，经济政治及一切社会国家问题之解决，均须赖人民团体组织之力量。

（2）民族大团体之养成，须由小而大由下而上。

本院师生既得有上述二种极可宝贵之体验，当此抗战建国同时并进，一刻不容稍懈之时，能不就社会教育及农业教育本位工作，切实由小而大，由下而上，根据社会实际生活需要，培养民众参加团体生活的能力、

---

① 当时因政府相关机构更名，"民众教育"一词基本被"社会教育"取代。

兴趣、习惯，期促进民族大团结之养成，以遂中国民族自救之目的也！

三、开辟正常形态人类文明

本院新旧师生十余年来所相勉者，厥维互相尊重，"以人待人"之道。学生固当尊师，老师尤当尊重学生人格。为师者不因学生年龄较轻，知识较少，而稍存欺骗利用之心，应始终以学生为目的，而不以学生为工具。学生毕业后服务社会，亦不以一般民众程度较低，愚昧可欺，而稍存欺骗利用之心，应始终以民众为目的，而不以民众为工具。此乃互相尊重，以人待人之道，将来世界正常形态人类文明必有之趋向。目前世界各国互相攘夺之主要原因，由于在不知不觉中，将过去用以征服自然对付物类的方法态度，转移到对付人类社会本身之上。此种错误在过去历史上屡见不鲜。例如异教徒相互残杀，残酷之极。但物极则反，穷极则通，宗教信仰自由，未尝不由于千数百年异教徒之相互残杀逼迫而来也。今世人类相互残杀，已渐至白热化，预料结果，当不外乎人类觉悟以往，转移对物之道用以对人之错误，而走上人类互相尊重，以人待人之大道。世界正常形态人类文明于焉以启。本院新旧师生既早以此点相勉，际此过渡时代紧要关头，固当愈加奋发有为，追随邦人君子之后，共负开辟世界正常形态人类文明之责也。

附

父　亲

高庠玉

想到父亲，使我感到一种严肃的亲切。记得最体味到父亲亲切的一段时间，是抗战的第三年。那时候，我们蛰居沪西两间窄小的屋内，朝夕和父亲相处。父亲极少出门，每天按着规定，读书写字。我病着，我的病床，就位于父亲书桌后面，看父亲每天所读书有数种，每种读数十页，日日无间断。而所读甚广泛，从《纲鉴》到林语堂的《瞬息京华》。每读一二小时，必到离家不数十武的静安公墓散步十分钟，回来又照常读书。偶然出门一次，回来时左右两胁下必挟了两大纸包，经过厨房，向母亲抱歉似地笑着说："我今天又买了些书。"打开包来，从《诗经》到黄自的《曲谱》，一叠叠渐渐堆满了书桌上。一天父亲回来，手里没有书，却提了

高阳三女高峤玉
（1940—1941年在上海养病）

两只肥皂木箱。去了木箱盖，一个竖立在一个上面，把书装进去，便成一个很好的书架。以后木箱添到了二十几个，覆满了一壁。

每晚餐毕，一家帮忙把碗盏除下，仍围坐一桌。每晚每人必须提出一个问题，无论是学识方面或日常生活方面的，提出后又互相答复，由父亲给我们最后决定的意见。

夏天的晚上，父亲带了我们散步在绿树成荫的沪西一带路上，吟一首诗，吟一首词，让我们随着吟诵，到每人背出为止。

一次，父亲将一段录自《随园诗话》的文字命我们读："刘霞裳与余论诗曰：'天分高之人，其心必虚，肯受人讥弹。'余谓非独诗也；钟鼓虚故受考，笙竽虚故成音。试看诸葛武侯之集思广益，勤求启诲：此老是何等天分？孔子入太庙，每事问；颜子以能问于不能，以多问于寡：非谦也，天分高，故心虚也。"父亲最戒骄傲，我们每从学校得奖归来，父亲除颔首之外，没有更多的表示，他说过分的奖励，足使孩子在心里生出骄傲，骄傲是工作的绊脚石。

父亲教训我们做人的道理，认为《富兰克林自传》和《曾文公家训》二书，是不能一日不读。记得民国二十七年一月，我们从长沙到桂林的民船中，两腿卷曲地蹲在仓内，人手一卷，咿哦诵着家训，读到烂熟时，便可到父亲处去背。每逢寒暑假，第一天可以随便地玩，第三天便要将自订的课程表，交到父亲面前。以后课余，要拍苍蝇，点火加煤，不能一刻闲下来。父亲说："要养成勤俭的习惯，富兰克林连晚上也读书工作的。"

民国二十九年一月下旬，父亲决意单独再进广西去。那时我病已渐愈，父亲在家，留意着我每一碗茶饭的冷暖，每一晚盖被的厚薄，检点过医生所开每一味药。那天是父亲临行前晚，我听父亲吟白居易的"江南好，风景旧曾谙"不禁黯然泪下。临睡，父亲又去了上衣，笑呼："孩子们，来，来，来……试试我身上肌肉，是多么结实，你们可放心我一人行远了。"

第二天清晨，父亲走了，门外下着蒙蒙的雨，他不要我们送，连送到门口也不要。我们在他走后，也偷偷地跟出去，走到街口，遥见父亲宽阔的背影，撑着雨伞，头也不回的，已迈步转过德国礼拜堂，消失在蒙蒙之中了，心中感到一阵莫名的离愁。

以后，我们天天在等，在等待那一天，看见父亲又转过那古旧的礼拜堂，撑着雨伞，迈步回到家来了！

——卅五年七月六日父亲逝世三周年纪念

（摘自1946年7月6日《锡报》第4版，此处稍有改动）

第十八章　心志专注辛苦人才植，
　　　　精神奋发期望民族兴

一、抗战时期桂林的教育与文化

九一八事变之后的抗战初期，已有一些进步的教育家、学者教授应广西当局之聘来桂任教，如雷沛鸿（20世纪30年代至40年代曾四任广西省教育厅厅长）、马君武（曾任孙中山革命政府秘书长、广西省省长，三任广西大学校长）、千家驹（任广西大学教授）等。1936年，广西省会从南宁迁桂，同时广西大学本部和文法学院也从梧州迁桂。抗日战争全面爆发后的1938年，武汉、广州相继失守，大批教育家、教授、作家先后从沦陷区撤退到桂林，使桂林一时成为广西政治、军事、文化、教育的中心。其时桂林人口虽不足10万，却有大批文化教育知名人士云集，可谓群贤荟萃。据估计，先后到过桂林的文化教育人士数以千计，其中闻名全国的近200人。

周恩来曾在1938年12月、1939年2月和4月底三次来到桂林，接见各界人士，开展抗日民族统一战线工作。1938年12月，郭沫若来到桂林配合周恩来开展统一战线工作，并在中华职业教育社举行的时事演讲会上做抗日演讲。此外，来桂林的还有陶行知、梁漱溟、李四光、陈鹤琴、秦牧、李达、董渭川、高阳、秦柳方等科技文化教育界知名人士。聚集桂林的文化教育人士在中国共产党抗日民族统一战线旗帜下，积极开展抗日救国的教育事业和文化运动，使桂林一度被誉为我国抗日大后方的"文化城"。1939年10月，中华全国文艺界抗敌协会桂林分会成立。胡愈之、夏衍、林林、司马文森、周钢鸣、刘季平（均为中共党员）等25人成为理事。

与此同时，桂林的教育事业依托当时的人才优势得到积极发展，取得了较大成绩。来桂的优秀文化教育人才，大多学有专长，根基深、功底厚，他们将东西方优秀的文化教育带到桂林,开创了桂林教育的新局面。一方面从实际出发,尝试改革旧教育制度,建立更加适应国情的教育体系;另一方面注重教育研究、试验和总结推广。1938年9月,广西省政府委员会同时通过国民基础教育的三宗法案,并成立广西国民基础教育研究院,教育厅厅长雷沛鸿兼任院长。在该院从事研究的人员有陶行知、俞庆棠等许多全国各地有特色的教育学派学者。1940年,广西省政府设立了广西教育研究所,以期教育理论与实际的密切联系,研究解决教育面临的重要问题。抗战期间,桂林也出版了很多教育刊物,其中影响较大的有广西省教育厅编辑出版的《基础教育》半月刊和《教育与民众》月刊。

二、抗战时期的江苏省立教育学院

1941年4月,高阳在《抗战以来的江苏省立教育学院》一文中,较全面地介绍了学院迁桂三年半以来,如何不畏艰难困苦坚持办学,努力培养抗战救国人才。

1941年第十卷第八期《教育与民众》刊载的高阳文章

(一) 心志专注，精神奋发

首先，高阳宣示了学院师生不畏艰难困苦、矢志办学求学的决心："为什么江苏省立教育学院原址无锡沦陷敌手已逾三年，而学院本身还在后方努力进行？这是因为有三个大前提：

1. 不让敌人摧毁文化事业。敌人可暂时占据我们的土地，但是我们必须和敌人争气，保持我们的文化事业。

2. 保全国家的元气。教职员学生等知识分子都是国家的元气，在这长期抗战的时期，他们心志必有所专注，精神方能愈加奋发，尤其是能在一个有十余年历史的文化机关从事教育事业的研习和推行。

3. 培养抗建人才。七七抗战后民众组训工作更为重要，因之各地需要本院毕业生之服务者亦愈多。"①

谈起江苏省立教育学院在桂林办学的苦中之乐，高阳写道："本院开办时在虎丘之阳，半年后移太湖之滨，再隔半年定址在惠山之麓。想不到因敌人的侵略，竟搬来山水甲天下的桂林，并且借校舍在名胜之区的寺和庵与庙，师生在此享清福已又逾三年了。不过，读者不要太理想，须知风景虽佳，庙亦许是破的，并且寺庵庙彼此中间可以相距一二里。所以每逢富贵人家的子女要想进本院求学的，我们必先领他们的亲长看附近的风景和寺庵庙，并且劝他们勿轻易送子女来学，倘使送，就须过这种简朴刻苦的生活，并受严格训练。""院内每天生活日程为升旗、早操、早餐、上课、午餐、午睡、上课、课外强迫运动或劳动服务一小时（每人每周二次）、降旗、晚餐、自修（或上课）、就寝。清晨五时许起，至晚九时半止。从事社会教育乡村工作的人的生活，非简单朴素刻苦耐劳不可。桂林这个地方使我们感觉很愉快的，就是本地自下至上，都是生活简朴，精神振足的。我们师生来到这里，都觉得很惯，很自然。"②

据校友回忆，当时学院在桂林东江风景区，出桂林城东门过漓江再过花桥便到。七星岩下的栖霞寺大殿那时人烟稀少，便作为教室和礼堂。过

---

① 高阳. 抗战以来的江苏省立教育学院 [M] //田晓明. 高阳教育文选. 苏州：苏州大学出版社，2012：300.

② 高阳. 抗战以来的江苏省立教育学院 [M] //田晓明. 高阳教育文选. 苏州：苏州大学出版社，2012：301.

小桥的花园村（又名园背村）龙王庙用作师生宿舍和食堂；旁边尼姑庵作女生宿舍。在栖霞寺上课时摆一方桌，四边长凳，老师坐一边，同学分坐三边。往往不同系不同级一起上同一课程。记得高院长既上政治学，也教经济学，没有教材，只能记笔记。

童润之先生教调查统计学，内有高等数学；钟敬文先生教国文。也有来借读者如马相伯先生的孙女马玉璋等。学院还在花园村北建造简易木板房为教室、办公室及宿舍。童润之师、董渭川师等则自建草房。一大间男生宿舍则是芦草合成，一人打呼，全间难睡。梁漱溟先生亦受聘来院任教，住在院内一间只有一床、一桌、一椅、一洗脸架的斗室中。梁先生讲"乡村建设"课程时，不仅教室坐满，窗外也有许多人在听。

(二) 因地制宜，坚持办学

学院迁桂以后，为了生存发展，因地制宜调整办学规模、办学模式和专业方向，同时努力解决场地、校舍、教资等一系列困难。

1. 迁桂后的专业设置——江苏省立教育学院原设民众教育、农事教育两个学系，并附设农事教育和电影播音教育两个专修科。1938年春（到桂林以后）因设备不全，电影播音教育专修科暂时停办。同年秋奉教育部令，改设社会教育和农业教育两个学系，并附设农业教育专修科。

教学仍照以往办法注重平时实习，除有参观及实习外，另提出在学期间的四分之一时间，安排学生在本院队属机关实习，或商得其他教育及农业机关许可后安排学生去实习。

学院实行导师制已有十年以上的历史。"每一位老师都是专任教员兼指导员，像母鸡一样，每一个母鸡常和小鸡十个左右接近，看笔记，个别谈话，劳动服务，院内外公共集会等等，一切的一切都共同参加。"①

2. 迁桂后的教职员——学院迁桂的初期先借用广西大学部分校舍进行复课。至1941年春，江苏省立教育学院的院本部专任教职员有30余人，兼任教职员5人，另有附属国民中学教师4人，附属儿童教育团教师13人，总共约60人；其中有将近三分之二是抵桂三年半以来陆续聘请者。当

---

① 高阳. 抗战以来的江苏省立教育学院［M］// 田晓明. 高阳教育文选. 苏州：苏州大学出版社，2012：301.

时的一些主要教职员有雷沛鸿、童润之、董渭川、朱智贤、林敬之、秦柳方、闵文介、王仙舟、黄旭朗等,以及农学、畜牧兽医学专家刘同圻、张照、李绍华、臧广田、周长信、段永嘉等,还有从事播音教育的陈汀声、沈叔良、肖纪正等。当时不少进步人士留居桂林,学院则经常聘请他们来院讲学或做时政报告,如胡愈之、刘季平、千家驹、盛成中、日本进步作家鹿地亘等。

3. 迁桂后的学生规模——以前在江苏时,学院学生总数除附属机关外常在300以内,至1941年春,大学生人数大约还有原来的一半,此外附属国民中学三班学生约90人,附属儿童教育团的学生约400余人,其他民众学校等未计在内。在江苏时,学生十分之六为江苏省籍,十分之四为外省籍,遍及全国十五省。而迁桂近两年来的百分比适与以前相反,变为外省十之六七,江苏省十之三四。学生来源一部分是江、浙、皖等省流亡青年,其余大部分是广西、湖南两省的学生。女生总数仍占十分之二强。

4. 迁桂后的办学设施——抗战时期,内地大学的原有设施都不可能全部完好地随校西迁南迁。因此,江苏省立教育学院在桂林办学所需的图书设备大多由广西支持。图书除陆续自行添购外,广西省图书馆每次可借给本院500册,每半年更换一二次;广西大学文法学院图书馆和广西教育研究所图书馆也都可以给予学院师生以借阅图书的便利。仪器除电影设备可与广西省教育厅互相通用外,其余显微镜等都依靠桂林中学、广西医学院予以便利。

5. 迁桂后的学生实习——学院的学生实习场地共有几十亩,包括畜牧场、借用公地及租用田地。农系科的学生除在本院实习外,也常商请广西家畜保育所、沙塘农事试验场同意后,准许数人至数十人前往实习数周至半年。还有广西省的图书馆、职校、中学、国中,以及农本局、中国工业合作协会还有附近湘赣浙等省的教育农业机关,也准许学院学生前往实习,并给予指导。从1940年秋季起,为补充全体师生的食物营养,同时进行全体学生劳作训练,学院组织了农业生产团,学生每人须种蔬菜田半分以上,畜养及农产加工生产工作由高年级学生选习。

6. 迁桂后的学生就业——在桂期间的历届毕业生的主要服务地点为苏、浙、皖、闽、赣、两湖、两广、两河(河南河北)、鲁、川、康(1939年在康巴藏区设西康省,1955年撤销)、云、贵、陕、甘等省,以苏、川、桂三省为多。学院根据当时的人才需要，已逐渐偏重于师范学校和农业学校的师资培养，并增设了劳作师资专修科。所以，毕业生大都被安排到各地的中学、师范学校担任教员。

(三) 经费拮据，同甘共苦

学院迁桂之后，因抗战期间经费拮据，师生生活一直很艰苦。高阳任院长和童润之任代理院长期间经历了经费最拮据之难。1937年，教职员薪水发至11月份上半月，而江苏教育经费仅发至10月份上半月；后江苏省教育厅核准动用积余金2万余元；虽院内原略有积余，但银行存款除交通及上海两银行能够提取外，存省银行的款项停止提取，致使经费来源几乎断绝。院内经济拮据异常，所以师生旅费全由各人自己负担，实在有困难者由学院借垫。自1937年12月起，只靠学院少量储蓄维持学生膳食，教职员每人每月只发给少量生活补助费，月支生活费20元。1938年2月和3月各支16元，4月起最高者月支50元。学生中有困难者，自1937年11月起即由院给以贷金。

自1938年5月起，教育部陆续按月拨发经临（经常性和临时性）补助费，8月起教职员最高者月支百元，以后逐渐增加。到了1940年，物价高涨太甚，加以大家积蓄渐无，于是不得不将教职员薪金参照其他公立大学同样支给。至1941年春共拨发经常性及临时性补助费约20万元；1941年度春季又核准拨发4万余元。同时，自1938年秋季起，广西省政府陆续补助学院经临两费，至1941年春总数约有10万元。此外，经过学院努力争取，在广西省支持下，由广西省政府拨款，在七星岩附近为学院建筑临时校舍，并租借民房、祠堂、庙宇作师生宿舍之用。

尽管当时艰苦至此，很多教职员都坚持工作。1938年3月间，有位讲师从江苏给桂林来电表示想来，学院去电表示欢迎，并说明各人月支生活费仅16元，可是不到一个月这位讲师就来到桂林，表示愿同甘共苦，大家都很为这种师生精神之凝聚所感动所鼓舞。

许多年后，校友们仍然很难忘怀那段日子。朱若溪校友曾回忆，虽然当时学院过着最艰苦的生活，然而"大家咬紧牙关，艰苦支撑，仍孜孜工作，潜心事业。此种为事业而艰苦奋斗的精神，实足震撼人心，令人敬佩"①。

胡斌校友曾回忆那时的高院长："高院长正直廉洁，工作负责，办事认真。正如他所作的院歌上所说：'服务社会，忠信笃敬'。'习劳耐苦，克俭克勤'。他平时工作较忙，与学生很少言笑，外貌上，看来非常严肃，而心里对学生关怀备至。据我所知，凡学生陆续来桂者，均一律收留；毕业校友来桂者，均由实习指导处接头，介绍给广西教育厅，适当安排工作。所有毕业校友，出外工作者，他时刻注意其表现，给予勉励和教导。院内院外所有学生和校友都在他的心内！"②

（四）积极服务广西，配合抗战

虽然高阳表示"教育部及广西省政府爱护本学院之盛意，殊令人感奋也"③，但实际上，由于战乱、搬迁等原因，西迁后学院经费日益困难。为此，高阳在桂期间以及童润之代理院长期间，学院一面努力争取经费，另一面也积极发挥人才优势，协助广西推广并代办地方教育事业。

1939年9月起，受委托编写国民中学前期教材，月补助学院三千元。1940年9月起，受委托开办国民中学教育研究班，月补助学院四千余元；其中千余元作为学生膳费旅费之用，另其他作为临时费添建校舍。

1938年春季学期，学院师生举办八桂镇实习班和南华艺员实习班，马君武先生（著名教育家，大夏大学、广西大学的创建人和首任校长）曾多次称道那次实习班的成绩。同时，学院受广西省政府委托，代办收音人员及劳作师资进修班各一班。1938年秋及1939年春两学期内所办教育事业还包括根据当时当地情况举办国民教育实验区，并代办东兰实验国民中学一所；协助广西省教育厅推行成人教育年以扫除文盲。另外还开办民众学校，进行农村调查工作，并克服困难继续办好《教育与民众》期刊。1939年秋及1940年春两学期内，除继续上年原有固定事业外，新的主要教育事业有：受广西省教育厅委托，编写国民学校成人班、妇女班及国民中学前

---

① 朱若溪.路途崎岖，步履艰辛［G］//苏州大学原江苏省立教育学院校友会.艰苦的探寻——江苏省立教育学院校友回忆录（第三辑）.苏州：［出版者不详］，2000：15.

② 胡斌.忆高院长言行［G］//苏州大学原江苏省立教育学院校友会.艰苦的探寻——江苏省立教育学院校友回忆录（第二辑）.苏州：［出版者不详］，1989：219.

③ 高阳.抗战以来的江苏省立教育学院［M］//田晓明.高阳教育文选.苏州：苏州大学出版社，2012：303.

期二年的教材共百余万字；创立附属国民中学；代办女高中师范班。1940年秋季学期起一学年内，接受广西省政府委托代办国民中学教育研究班。

迁桂以后，为配合抗战需要，江苏省立教育学院学生经常组织岩洞教育队、电影放映队、儿童教育团等宣传队、卫生队，利用电影、幻灯片、广播、歌唱、戏剧表演等形式，对群众进行抗日宣传教育活动，颇受当地群众的欢迎。

当时，江苏省立教育学院高阳、童润之、董渭川等均受聘为广西省教育厅顾问，经常参会研讨广西教育改进问题；1940年广西教育研究所成立后，高阳曾应邀为其刊物《广西教育研究》撰文《教育研究进行办法的商讨》等。江苏省立教育学院的部分教师也被吸收到广西省教育厅和农业管理处工作。

江苏省立教育学院在桂林办学的时期，是令师生难忘的一段历史。高阳在桂林曾赋诗数首抒发胸臆，下录其中三首，从中可品味作者心中对国家、对教育和对学子的深爱。诗中最令我心潮起伏并为之感动的是这样几句："遐想陶公乐，敢忘范子忧"，"辛苦人才植，期望民族兴"，"千万间广厦，深夜读书灯"。

蝶恋花　西环公园

翠嶂嵯峨相对峙，楼阁画桥，掩映临流水。
红豆绿梅都结子，盈门桃李深长计。
别墅雁山唐旧第，转让西林，又向公家诒。
海角天涯来学士，名园朝夕敦诗礼。

和小迁秋感　用原韵廿九年十月

重阳佳节近，回忆故园秋。
遐想陶公乐，敢忘范子忧。
凉风初减热，残暑未全收。
新舍旁山筑，树浓景物幽。

双十节和小迂① 用原韵

佳节逢双十，欢声四海腾。
衰容随日减，壮志与年增。
辛苦人才植，期望民族兴。
千万间广厦，深夜读书灯。

附

母院在桂林

冯绍蓉

1938年初，学院迁到桂林，临时院舍在桂林漓江东岸七星岩附近。一拉空袭警报，师生挟着书到七星岩去，在那里有时可看到敌机轰炸实况。七星岩进口在山腰里，洞长一公里多，雄伟深远，钟乳凝结，瑰丽多彩，本是游览胜地，当时成为安全的防空洞，后有两个出口。

临时院舍分三排，第一排是办公室和大教室，大门就在办公室南面。一、二年级和专题讲座都在大教室，每个班级自修室是固定的，但往往要抢占座位。第二排是三、四年级和美术工艺室。三、四年级老师上课一般是座谈形式，每班同学少的仅有四五人。农业教育系分为农业经济组、园艺作物组、畜牧兽医组；社会教育系分社会教育行政组、民众教育馆组、成人教育组等。劳作师资和农业教育两专修科不分组。第三排是男生宿舍，再后是菜园。学院还租民房、祠堂、庙宇，做单身教职工和女生宿舍，饭厅炊事房设在庙宇内。

学院在桂林期间，系科设置和名称有些变动，三、四年级称民众教育系、农事教育系，一、二年级称社会教育系、农业教育系、农业教育专修科、劳作师资专修科。学生一部分是江浙皖的流亡学生，大部分是湘桂籍；学院向西南诸省部分中等师范学校开放，限额保送优秀学生免试入学，我就是湖南衡山乡村师范学校保送入学者之一。沦陷区学生享受战时学生伙食津贴。1940年在院学生：民教系（三、四年级）14人，社教系

---

① 倪小迂（1901—1992），无锡人，元末画家、诗人倪云林后裔。毕业于上海美专，曾在无锡、上海任市政协委员，江苏诗协会员。著有《倪小迂诗集》《倪小迂诗画集》等。

(一、二年级) 28人，劳作师资专修科6人，农事教育系（三、四年级）18人，农业教育系（一、二年级）42人，农业专科22人。共计130人。

教授、讲师、助教：有高阳、俞庆棠、童润之、刘同圻、董渭川、赵步霞、唐桐侯、王仙舟、李绍华、段永嘉、王一蛟、余桂甫、闵文介、朱智贤、倪小迁、王平鼎、陈重寅、林宗礼、刘钦晏、秦柳方、黄旭朗、邱荫啸、杨诵经、邵晓堡、孔繁铎、叶光华等。

高阳院长在桂林实际工作不足二年，迁院来桂和暂时停办都由他经办的，创业维艰，停办为难，其间甜酸苦辣，只有高院长自知。他每天晚上坐在院大门内办公室，师生出进亲自开门；晚自习后，到学生宿舍巡视一遍后，回陈氏宗祠宿舍，关心和爱护学生犹如子弟。吃饭和同学一样，学习工作时间每天超过学生作息时间，他每天增加营养费是五分或一角钱花生米。他出门一把伞，步行为主；长袍布履，短发不蓄须，行动恭整，很少言笑。听课和陪同来院做演讲的人，必端坐讲台之侧，自始至终全神贯注倾听演讲。

学院在桂林时期，高阳院长请假期间，院务由教务主任童润之教授代理。童先生无论是演讲或上课都作充分准备，他亲自参加辅导辩论组，如何搜集正反两方面材料，有准备针对性进行辩论，注意辩论者仪表衣着、言词、声调，他每一课都是准备好的。他自己说，学生时期为锻炼自己，凡是辩论会都参加，甚至在留学美国时还争取参加辩论会，这样练习讲英语。在江苏省立教育学院任教授时，领导组织学生参加校际辩论会，江苏省立教育学院学生取得第一名。在桂林时，每学期都有辩论会，他做演讲"如何取得辩论胜利"，比喻生动，妙趣横生。

（母院）提倡课外活动，培养创造性学习。我参加国民教育研究小组（新教育），朱智贤老师用张栗原编写的《教育哲学》给我们上课，领导我们去仲衣小学（尚仲衣烈士纪念小学）参观新教育的教材教法和革命传统教育。有一次徐特立老先生途经桂林，教育研究会在朱老师组织领导下，到七星岩听徐老演讲。

在农村工艺组，我学浮雕高尔基和鲁迅头像。倪小迁老师也讲雕塑课，他说雕塑要学解剖学，要注意人和动物骨骼结构，雕塑才能逼真而生动美观。倪老师还雕过一把佛手柑宜兴陶瓷茶壶，在国际博览会获奖，至今宜兴陶瓷厂还有这种茶壶出售。1950年倪老师为中国畜产出口公司雕塑了中国优良猪牛羊,在人民广场展览交流会展出。

(节选自1989年编印《艰苦的探寻——江苏省立教育学院校友回忆录(第二辑)》,此处有删改)

第十九章　艰难办学为抗战救国，经费无着致硕果夭折

抗日战争时期，许多高校在迁徙途中一面躲避战火，一面因地制宜坚持上课。迁徙之后，除国立大学外，许多学校经费困难，一些学校甚至难以为继；有的暂时停办，如华东个别私立高校及山东三所高校，以及江苏省立教育学院；还有一些学校并入其他高校。绝大多数高校（包括江苏省立教育学院）在抗战胜利后都陆续迁回原址办学或复校。

一、苏教院经费拮据暂行停办

江苏省立教育学院克服种种困难坚持办学，直到1941年的夏天。关于学院的停办，童润之先生在1946年《江苏省立教育学院发展计划总纲》一文，以及在后来撰写的《江苏省立教育学院始末记》一文中曾谈到，1941年初，他受聘到广西大学任农学院院长，1941年暑期，江苏省立教育学院宣布停办。停办的原因是国立社会教育学院正在重庆国民党教育部附近筹建成立，性质和这个学院相同，不必再保留这个流亡异省的江苏省立教育学院了。更重要的原因是经费拮据。法币在不断地贬值，教育部所拨经费，越来越不济用，因而不能不停办。南京师范大学张蓉教授曾对民国时期的民众教育有过深入的研究，在她的专著《中国现代民众教育思潮研究》中谈到，1941年，教育部拟筹设国立社会教育学院，鉴于江苏省立教育学院有一定声誉而经费无着、处境困难，打算将学院并入社会教育学院，以维持原有事业，并电令教育学院迁回苏北。但因交通阻隔，又无迁校经费，此事只得搁浅。当时，币值不断下跌，教育部所拨补助费日益减少，学院经费来源已断绝，经院务会议决定，不得不暂行停办学院。江苏省立教育学院校友朱若溪等回忆更具体些，谈到当时教育部虽有意将学院

并入国立社会教育学院，但因是省立学院，须先征求江苏省政府意见。然而当时江苏省政府考虑种种因素未曾同意，后又电令江苏省立教育学院迁往苏北，因无经费，学院当时亦难以遵办。经院务会议再三讨论分析，遂做出暂行停办的决定（抗战胜利后江苏省立教育学院在无锡复校）。

停办后，农业教育系一、二、三年级并入国立广西大学农学院，社会教育系一、二、三年级则进入新设的四川国立社会教育学院二、三、四年级；国立社会教育学院院长为陈礼江（江苏省立教育学院原教务主任）。江苏省立教育学院的教师有的受聘到国立社会教育学院任教，也有的受聘到广西大学任教。江苏省立教育学院在桂林花园村的校舍则由广西师范学院接收。

当时的在校学生张重光曾回忆，高阳院长召集全体师生在球场开会，告知大家学校要停办，同学们将分别到国立社会教育学院和国立广西大学就读。张重光和四十多位同学要去璧山国立社会教育学院，但当时交通十分不便，由河池到贵阳再到重庆，每天只有一班客运汽车，票很难买。为此，学校组织学生分批前往，每批四五人，并在河池、贵阳、重庆设接待站，由当地校友帮助买车票和安排食宿，使同学们得以安全如期到达目的地，体现出母校对学生们无微不至的关怀与爱护。

二、高阳为《教育与民众》百期专号作序

1941年6月25日，由江苏省立教育学院创办的《教育与民众》第10卷第10期出刊，这也恰好是该刊的第100期。《教育与民众》自1929年5月创刊以来，十二余年间每期发行两千余份，它专注于倡导民众教育的开展，致力于探讨民众教育的理论，研究民众教育的实施，曾是国内社会教育的权威刊物，为这一时期国内民众教育的发展做出了特殊的贡献。

随着民众教育之称逐渐为社会教育所取代，且江苏省立教育学院将暂时停办，《教育与民众》亦将暂时停刊①。在这具有特殊意义的第100期专号上，期刊请吴敬恒先生和钮永建先生分别题字，请高阳作序。高阳的序言全文如下：

> 本刊印行百期专号有三种用意：一、检讨社会教育及本刊在过去十余

---

① 抗日战争胜利后，江苏省立教育学院于1945年复校，该刊于1946年12月复刊。

年的进展；二、商讨社会教育的前途；三、对于历年来作者、读者和编者表示谢忱，并请作者、读者和一般热心社会教育的人予以指导。

民国十八年春，本刊初发行时，国内对于社会教育注意者固不乏人，但寥若晨星。当时社会教育事业的推行，须费九牛二虎之力，始能略有发展，所谓事倍功半者是也。到了近几年来，情形就不同了。各地新兴社会事业的发展，蓬蓬勃勃，如雨后春笋。这许多新兴社会事业虽不标明社会教育事业的名义，但实际上固然确确凿凿是社会教育事业。这种现象无非证明社会教育是我国所迫切需要的。自从民国二十八年秋，新县制颁布后，规定保国民学校及乡（镇）中心学校须各负所在保和乡或镇的政教养卫地方建设事业推进指导的责任，使学校做社会的中心，学校社会化。此种办法无非更证明社会教育是我国所迫切需要的而已。社会教育在十余年来发展如此迅速，固然可喜，但因此热心提倡，社会教育者的责任便愈重了。此在我们检讨过去，远瞩未来，所不得不益自策励者也。

社会教育的能够有益于国家民族，有助于抗战建国，已经为大家所公认，无需乎再宣传或申说。但是如何实施社会教育；如何依照新县制使国民学校、中心学校以及中等学校和专科以上学校分别成为所在地社会的中心，推进地方建设事业，配合抗战建国需要；如何培养社会教育人才，如何加紧社会教育工作，以期收到最大成效，促进三民主义建国的完成，都是今后社会教育方面应该研究实验实施推广的重要问题，须待在朝在野热心社会教育的人们所当共同努力积极进行的。

讨论到这里，似乎我们还有注意一个重要问题的必要。这就是社会教育的中心工作问题。社会教育的范围很广，门类很多。读、写、算、图书、博物、电影、广播、乡村建设、民众组训、语文、公民、生计、健康、家政、艺术以及其他种种社会教育项目，不可胜数。五花八门，名目繁多，从事社会教育学习、研究、实验、实施、推行的人，是不是应该一以贯之？还是散漫无所归呢？其实从根本上着想，根据中华民国教育宗旨，社会教育无疑的应该注重恢复我国民族固有精神，培养民众团体生活，使能根据理性，运用团体力量，解决政教养卫一切社会问题，如此，才能养成整个民族大团体，实现民族、民权、民生主义的希望和把握。所以上述各项社会教育都应认清这一点，以此为各项目的中心工作，一以贯之,殊途同归。

最后,我们要借此机会对于历年来爱护本刊的读者、作者致无限的敬意和谢意。同时,对于十余年来本刊历届心力交瘁的编辑人亦致无限的敬意和谢意。中华民国三十年度高阳序。①

吴敬恒和钮永建为《教育与民众》百期专号题字

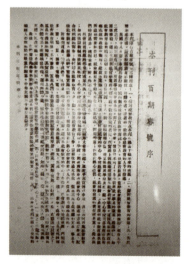 

高阳为《教育与民众》百期专号作序

---

① 高阳.《教育与民众》百期专号序 [M] //田晓明.高阳教育文选.苏州:苏州大学出版社,2012:304.

两个月后的 1941 年 8 月，国立社会教育学院在四川璧山成立，陈礼江兼首任院长。1942 年《教育与社会》季刊创刊，高阳应邀为此创刊号撰文《吾国社会教育今后应特别提倡的事业》。高阳在文中分析了为什么要推行社会教育，指出社会教育对国家是极重要的，他的重要性和空气对于吾人同样的重要，不可须臾离开，社会教育的主要作用在哪里呢？直截了当地说，在达到救国建国的目的。对于社会教育今后应该特别提倡何种事业，高阳认为："在我个人看来，吾国社会教育今后应该本救国建国的宗旨特别提倡以下的数种事业：1. 培养组织力、团结力，增强抗战建国的力量。2. 提倡科学，争取抗战胜利，促进生产建设。3. 恢复民族精神，抑强扶弱，以求国家民族的独立、自由与平等。"①

这篇文章是目前我所能查到原文的高阳的最后一篇文章，其中一如既往地凝结着高阳和那个年代许许多多爱国知识分子不惜为之牺牲一切的奋斗目标——国家民族的独立、自由与平等。

---

① 高阳. 吾国社会教育今后应特别提倡的事业 [M] // 田晓明. 高阳教育文选. 苏州：苏州大学出版社，2012：309.

第二十章　固辞不获抱病强起任事，精神始终只为西林桃李

广西大学创建于1928年10月，当时名为省立广西大学，首任校长为著名教育家马君武博士。校址原在梧州，1936年10月，校本部及文法学院迁往桂林。1939年8月，学校已成为拥有理工、农、文法3个学院的综合性大学，行政院会议同意广西大学由省立改为国立广西大学，并任命马君武为校长（已是第三次任校长）。1940年8月1日，马君武校长病逝。8月28日，行政院第479次会议决定，任命广西省教育厅厅长雷沛鸿为国立广西大学校长。

国立广西大学（桂林雁山）校门

抗日战争时期的广西，并非无战事。日本侵略军1939年11月15日在广西钦州湾登陆，之后占领北海等地，24日占领南宁。1940年春又相继占

领上林等地，7月2日向西进犯致龙州等失守。到1940年10月28日，日军退出南宁和龙州进入越南；11月14日日军撤出广西。其间广西南宁、桂林等地也曾遭到日军飞机轰炸。

雷沛鸿任国立广西大学校长仅一年后，1941年8月15日行政院训令：国立广西大学校长雷沛鸿另有任用，应予免职，遗缺以高阳继任。

在江苏省立教育学院暂时停办后，高阳本已心力交瘁，身体不佳，并无心上任；况且从各方面条件来看，当时他并不一定是校长的合适人选。然而，在高阳多次请辞无果后，最终"固辞不获，强起任事"①。

高阳上任国立广西大学校长后，对院系设置及聘任大多延续了以往，仅做少量调整。

1942年国立广西大学畜牧兽医系首届毕业同学及教授合影

太平洋战争爆发后，一批被困在香港的爱国民主人士和进步文化人士，如何香凝、茅盾、柳亚子、萨空了、梁漱溟、廖沫沙、范长江、田汉、邵荃麟、胡风、胡绳、沈志远、狄超白、胡仲持、司徒慧敏、陈翰笙、周钢鸣、陈此生等陆续回到桂林。国立广西大学于是聘请了陈寅恪、

---

① 梁漱溟. 高践四先生事略［M］//田晓明. 高阳教育文选. 苏州：苏州大学出版社，2012：359.

梁漱溟等在校兼任教授，讲授课程或开讲座。

高阳在国立广西大学工作期间，不少在桂工作的原江苏省立教育学院校友仍经常与他保持着联系。如当时调到广西省教育厅电化教育辅导处工作的叶运升曾回忆，高院长任国立广西大学校长时，周末常请他去放电影。

1942年，高阳任国立广西大学校长的第二年，国立广西大学教授会议成立。校志记载：该会原为教授座谈会。本校教授、副教授等16人。目前生活程度高涨，先后组织五次座谈会，以谋最低生活的改善办法；近以学生何某索取毕业试题，侮辱师长，激起公愤，遂公决将教授座谈会改为教授会议。6月9日假座学校合作社召开成立大会，出席者有教授副教授陈寅恪、龙志泽、万仲文等50余人。当场决定章程三章：（一）会议以协助协调校务，研究学术，联络感情，改善生活为宗旨；（二）会议每月至少举行一次，凡本校教授副教授均得出席，必要时并将设立特种委员会，以研究专门问题；（三）会议设干事30人，执行会议事务，由理工学院互选10人，法商学院、师范专修科及各系公共科目互选10人，农学院互选10人，并由干事会互选常务理事5人，干事会议开会时，将邀请出席校务会议的教授代表。

国立广西大学的基本建设在抗日战争时期也克服困难有所发展。1938年夏，侵华日军向华南大举进攻，日军屡派飞机轰炸梧州蝴蝶山校园，校舍、实验室、办公楼、宿舍等遭到破坏。当时，广西省政府将国立广西大学在梧州的理工学院迁到桂林市南郊的良丰雁山，校本部设在雁山西林公园内。西林公园原名雁山别墅，是清咸丰、同治年间当地人唐子实私人建造的一座极大的花园。外有围墙环绕，里有两座小山，一泓清流，池塘田畦，楼台亭榭，遍地花木，自然风景很美，是大观园式的园林。光绪末年，唐子实的子孙将园林卖给岑春暄。1928年，岑春暄将花园捐给广西省政府，省政府将其更名为西林公园，后由广西省政府拨归国立广西大学使用。

西林公园在未拨归国立广西大学之前也有别的单位在使用，且在园内加建了一些房屋，连同园内旧有房屋可供作教室、宿舍、礼堂、膳厅、办公室等用。国立广西大学迁来后，原有房舍远不够用，经过逐年修建至

1944年夏，国立广西大学良丰校本部建成，主要建筑物包括：教职工宿舍、教职员餐厅和疗养室各一座，君武图书馆、物理馆、化学馆、热工馆、矿业实验室、化学实验室、机械厂、发电所、材料实验室、电机实验室、蒸馏水室、理工学院学生膳堂各一座，学生宿舍三座，另有洗脸间、浴室、校工室等。

1936年至1944年国立广西大学在桂林良丰和柳州沙塘时期，教学设备方面在当时大学中堪称上乘。以农学院为例，其农学系拥有食用作物、特用作物、细胞遗传、昆虫、土壤及肥料、植物病理等研究室，以及农业化学室、园艺试验室、园艺加工试验室等；林学系有树木学、造林学、森林经理及测量、森林利用及林产制造、林政学等研究室，均备有大量各种植物标本及相应的仪器设备等。畜牧兽医学系则有动物学、细菌、解剖、生物化学、病理、畜牧等研究室以及畜牧兽医院，具有各种动物标本、模型及相应的设备。此外还有牧场350亩，畜养有牛、羊、猪及家禽等供学生实习实验使用。

国立广西大学农学院沙塘研究室（1938—1945）

高阳在国立广西大学一年多，因劳心劳力，肺疾加重而身体日差。1942年春，他开始频频感冒，经常发烧，体重日减。5月间，高阳呈请辞职但未获准，直至1942年底，教育部派教务长李运华代理校长，高阳以病辞职才被获准。

第二十一章　祠堂养病仍谋划复校，风骨矫强留最后嘱托

高阳辞职被获准后，学校送他到桂林漓江东岸的东郊园背村陈家祠堂休养，由一位老工友照顾餐食。顾念战时的艰难，高阳不愿为个人多花费，他自己如数支付了到陈家祠堂的汽车木炭费（当时汽油缺乏，汽车靠燃木炭驱动）。陈家祠堂地势低洼潮湿，并非适宜养病之所，而且医药费日见拮据，不时依赖友人资助。高阳的门生故旧和他商量，是否设法筹款换个条件好一些的地方疗养，然而高阳仍为节省个人花费，终究不肯易地。

1943年1月，教育部改聘高阳为全国学术审议委员会专门委员。这一年入春以后，高阳感觉病况似有好转，于是对往来看望拜访的师生和友人随时接见，不知倦息。他心中仍然挂念着江苏省立教育学院，虽病境凄清却不思离桂返沪，而是欲为江苏省立教育学院复校做谋划。原来的师生陈汀声、曾鲁、孙诞先、刘于艮等亦曾去看望老师，孙诞先回忆过他去陈家祠堂看望老师的情景：老师"所住的是间约七、八平方米大小，三面无窗、阴暗潮湿的旧房；房内老式木床上悬挂一蚊帐，窗前一面放板凳两张，床前放长方桌一只，桌上有一只热水瓶和几口茶杯，还有一只饭碗（估计是吃药用），一只美孚牌火油灯……先生以诚恳的语言教育我，要做一个对时代有作为的人，要先人后己，表里如一"。[①] 刘于艮多年后回忆中曾有这样一段文字："1943年5、6月间，我在重庆受训完毕回江西，途经桂林，得知先生因肺病复发，辞去广西大学校长之后，住在市郊养病，我特此停留一天去拜访先生。独自步行约十里路，好不容易才找到先生住

---

① 孙诞先.怀念吾师高阳院长［G］//苏州大学原江苏省立教育学院校友会.艰苦的探寻——江苏省立教育学院校友回忆录（第二辑）.苏州：［出版者不详］，1989：225.

处，原来是一所坐落在乡村的破旧祠堂，四周没有居民，先生孑然一身，只有一位老工友陪伴。当时病得很重，经常咳血，显得面黄肌瘦，令人心酸。先生还是穿着一件旧的蓝布长衫，房间里除了一张板床，陈旧的几张桌椅之外，别无长物……先生知道我是特地去拜见他的，很是高兴，勉强振起精神来和我谈话，他见到我那副难过的样子，反而安慰我说，现在咳血少了，病已好转，你们不必为我担心。还说，我有病，不便留你吃饭，就快点回去吧。当我要告辞的时候，先生又郑重对我讲：我一生从事教育，教过暨南，办过广大，但我毕生的精力是用在江苏教育学院身上。现在看到你们能在各自的岗位做出成绩来感到很欣慰。希望你们以后继续努力，无愧于江苏教育学院。老实说，我当时是饱含泪水答应先生的……"① 那些年因战乱所致，肺疾肆虐，江苏省立教育学院师生回忆，当时同去国立广西大学的唐桐侯、林宗礼两位教师亦因肺病去世。

高阳的夫人沈志芬女士得知丈夫病于他乡，心痛不已。无奈身边原来的十个子女，继长子高文凯 1937 年病故后，长女高瑞玉和四女高润玉又因战乱与家境窘困染上肺疾，先后在 1940 年和 1942 年青春陨落病逝于沪，而三女高庠玉和二儿子高文藩则正在肺病治疗之中（高文藩后于 1944 年病逝），小的几个孩子尚未成年，三儿子高文尹为支撑家境早早外出做工。百般为难之下，只能让仅 18 岁的五女儿高瑾玉独自南下，赶往桂林照顾父亲。

高瑾玉从上海出发，路上克服重重困难，走了一个多月，到 6 月才赶到广西，照顾父亲的起居生活。她回忆："父亲病中，每天总是早上四五点钟醒来，咳嗽一阵，起身漱洗。一天大部分时间看书，没有书看就背英语词典。这时他已辞去广西大学校长职务，没有薪金，只靠一份全国学术审议委员会专门委员的官薪生活，十分拮据。每天只吃些茄子、青菜，连一只鸡蛋也很难吃到。但他仍然乐观地说'新鲜空气可以养病，大蒜头可以灭菌'。"②

---

① 刘于艮. 对高践四先生印象记 [G] // 苏州大学原江苏省立教育学院校友会. 艰苦的探寻——江苏省立教育学院校友回忆录（第二辑）. 苏州：[出版者不详]，1989：218.

② 张大年，徐忠宪. 高阳毁家兴学的故事 [G] // 无锡市第三高级中学. 百年校庆纪念文集（1920—2020）. 无锡：[出版者不详]，2020：13.

梁漱溟先生曾说过，凡与高阳相处较久的人都知道，先生笃于伉俪，夫妻感情深厚。自从他二次来桂直至卧病陈家祠堂，其间每周必与夫人通信，指示治家及教育子女之道，夫人也经常托人带有信来。

这年入夏，恰逢爱妻 50 岁生日，夫妻相隔千里而思念之情愈加深切。高阳于病榻之上，仰望圆月，赋诗一首：

志芬爱妻五十生辰寿诗
结缡屈指卅余年，犹记双亲命迎仙。
硕果连枝传盛事，白头偕老证前缘。
先忧后乐愧余放，仰侍俯教赖汝贤。
尔寿未能持酒祝，月明万里共婵娟。

中华民国卅二年（1943）夏月望日善志赋祝

诗中署名"善志"，是高阳从 1940 年起和家人通信用的笔名；作诗的时间，算来应是阳历的 1943 年 6 月 17 日，对应农历的五月十五满月之时。

这时的高阳，满心期待能早日病愈，与家人团聚；更期盼能继续投身教育事业，辛苦人才植，期望民族兴！遗憾的是他再没能等到这一天。7月 6 日清晨，高阳病势突然转剧，呕血不止，女儿高瑾玉早上在祠堂西间里没听到照例的咳嗽声，赶到父亲房里一看，父亲已跌倒在床前踏板上，桌上玻璃杯中盛有大半杯咳出的鲜血，她急忙唤人抢救，已是不治。弥留之际，唯女儿瑾玉一人在旁。

高阳逝世前留有遗言，由女儿瑾玉记录下来：

一、平生所抱宗旨为"先公后私，先人后己"，以此自律，并勉励尔辈。

二、待人须忠厚，对长辈须恪尽孝道。

三、凡事须前后再三考虑，不可鲁莽；方针既定，必宜彻底。

四、余身后决不要以战时艰难之钱，花费于我个人丧葬之用。盖先父并不以隆重华贵之葬礼为荣，居家向来以俭为主。

五、余一生以尽力于江苏省立教育学院为多，前后同学努力为母校增光，是余所至望也。

人们为高阳料理后事时，只发现书籍千余册及随身衣物数件，两只留美时用过的衣箱,箱中有半旧的替换衫裤一身,两件单长衫,唯一较好的旧呢大衣还是留美时穿的。如梁漱溟先生所言:"其先人产业,即举以兴学,一生复不治私产,故身后境况,极为萧条";"病境惨寂凄清,而独不作归计,操持有定,以至于死。大节凛然,盖尤足风世云";"此风骨矫强,严格负责,为国家所最需要之一代教育家,竟于贫病交困之中,溘然长逝。享年只五十有二,闻者莫不嗟叹惜之"。①

高阳平生著述中,有关民众教育的文章70余篇,大多发表于《教育与民众》月刊中。著有《民众教育》一书,由商务印书馆发行。

高阳逝世后,雷沛鸿、梁漱溟等组成治丧委员会,张群任主任委员。7月11日,雷沛鸿、梁漱溟和高阳生前好友及门生等将其遗体安葬于桂林市东南望城岗,自愿送葬的队伍排出了一里多路,"墓地前,漓水在望,群山环立,风景如画,足供后人凭吊"②。

高践四著《民众教育》

江苏省立教育学院学生严少先,毕业后在广西教育研究所工作,1943年曾参加雷沛鸿先生组织的路祭高阳仪式,后来他在《怀念高阳院长》一文中回忆:"我经常想起高阳院长,他辛勤治院,以院为家,巡视各个部分,找同学谈话,亲自上课,到处都能看到他的身影。对人对事既严格要求,又耐心开导,'良师益友'体现在他身上。他经常穿一身布质长衫,天热了就是一套白布唐装,脚穿布鞋,生活简朴。他虽年近半百,已是满头花白霜发,满面饱受风霜的皱纹,这都是辛勤操劳、艰苦历程刻下的创痕。然

---

① 梁漱溟. 高践四先生事略 [M] //田晓明. 高阳教育文选. 苏州:苏州大学出版社,2012:360.
② 梁漱溟. 高践四先生事略 [M] //田晓明. 高阳教育文选. 苏州:苏州大学出版社,2012:360.

而，他对教育事业满怀豪情、锲而不舍的精神，令我们肃然起敬。

1943年7月，传来了不幸噩耗，高院长病逝了。日夜辛劳的践四院长，以教育事业为生命，以工作做自己的'伴侣'。在桂林期间，他抛妻别子，远离亲人，公而忘私，于烽火遍地中弦歌不绝，培育人才，为国为民，这种高尚情操为后人所楷模。终因辛劳过度，致病魔缠身，而夺去生命，这是何等可悲的事！

出殡时，他的灵柩路经七星岩前，我们广西教育研究所全体同人，在所长雷宾南师带领下，在那里举行路祭，奠仪默哀！让我们学习高院长鞠躬尽瘁的精神，继承他献身教育事业的遗志，作为对他最好的纪念。"①

当时，广西教育界的许多著名人士送了挽联或参加路祭，广西多家报纸也出了纪念专刊。国民政府在高阳去世后颁发褒扬令，原文如是："国民政府三十二年九月十七日令：高阳志行宁淡，学术湛深，蚤岁留学美洲，专研教育，返里后创立学校，历任教师，声誉甚著，比年主持江苏省立教育学院，国立广西大学，俱有成绩。兹闻积劳病逝，悼惜殊深！应予明令褒扬，并交行政院转饬教育部从优议恤，以彰贤勋。此令。"②

附1

纪念高践四先生

雷沛鸿

在林主席逝世20天后的今天，我在怆痛的心情下，为文以纪念高践四先生之丧，屈指算来，现在距践四先生的辞世期已经将近50日了。于此际，我不想翻溯我和高先生多年论交的私谊，因为这决不是在这篇短文里所能装载得了的，而愿就时代发展的观点上来认识理解高先生的一生行事及其对于社会的贡献。

如果，我们把人的一生的行为活动，看作是这个人所处时代或多或少的反映的话，则用这一观点来看在这变动的大时代潮流里的高先生，大概

---

① 严少先.怀念高阳院长［G］//苏州大学原江苏省立教育学院校友会.艰苦的探寻——江苏省立教育学院校友回忆录（第二辑）.苏州：［出版者不详］，1989：234.

② 国民政府褒扬令（1943）［G］//无锡市第三高级中学.建校100周年——高阳先生纪念册.无锡：［出版者不详］，2020：15.

其一生的言行事功，代表已将结束的旧时代的精神比较更多于承受开来新时代的成分。高先生一生尽瘁于教育事业，他的教育思想乃至他的做人治事的态度都是起源中国儒家的伦理观念，他教育子女、训导学生乃至立身行事，都约制在一个严字里面，而以刻苦坚毅的精神来力行，颇有中国古代墨家法家苦行崇法的风格，而其立足点，则是清清楚楚的站在中国儒家的孝友尊师重道的旧观念上，毫不含糊，他一生这样的立言行动，信守不渝，以新时代的眼光观之，简直是愚不可及，然而他就是以这一种愚不可及的精神苦干下去，对这变动的时代，尽其应有的力量，鞠躬尽瘁，以至于死。

高先生早岁游览新大陆，民国七年从美国游学回来，立志兴学，便把他先父遗产变卖了办学校，甚至因此而致自己的子女不能受良好的教育。然而高先生义之所在，毫不回顾，连自己每月所得的薪水，也充进学校经费用去，而使一家过着刻苦的生活。范仲淹说过"先天下之忧而忧，后天下之乐而乐"两句名言，高先生完全这样做到了，他一生尽瘁教育，不治私产，与朋交友语不及私，遗言里有"一生所抱宗旨，先人后己，先公后私"数语，确实是他一生刻苦奋斗的写实，足称为后人之楷式。

高先生一手创办的江苏省立教育学院，是他一生最可纪念的事业。抗战军兴，他接受我的意见，把学校迁来桂林，他也就此离开了他那山明水秀故乡。民国二十七年他曾送眷回上海。至二十九年，他因上海形势日非，又一次的再别妻抛子，毅然决然的抛弃上海的繁华生活，只身间道万里，徒步跋涉重来桂林，直至江苏省立教育学院停办了，广西大学校长卸任了，闲着寄居在桂林。孤客万里之身，贫病交迫，如果在平常人，早就准备回去了，乃高先生独不作归念，安心在桂林市东郊一所破落的祠屋里养病。操持有定，以至于死，大节凛然。他的死，可谓死得其所，还天地父母以清白之躯，我于是油然的想起了文信国公的一首《过零丁洋》的名诗：

辛苦遭逢起一经，干戈落落四周星。山河破碎风飘絮，身世浮沉雨打萍。惶恐滩头说惶恐，零丁洋里叹零丁。人生自古谁无死，留取丹心照汗青。

高先生曾任职于广东省政府，他几度过零丁洋时是否想起文信国公的这首名诗，我不得知。他死时，是否能想起这首名诗，我更不得而知。不过在这干戈遍地山河破碎的时日，一个坚贞不拔，立志济世救国而果不获售的有心人，在风雨凄其的夜半，悄然辞世，死时他一定是有着这样浩然孤忠的心境，而含笑归去，那是毫无可疑的。

（选自苏州大学出版社 2012 年出版《高阳教育文选》）

附2

无锡高君践四家传

友兄唐文治敬撰

呜呼：人生当世，性情相固结而已。苟至性至情之不存，何有于学问，更何有于事业哉。无锡及门高君践四，奉厥考秋荃先生遗训，输家产兴学，不足则以储积股券佐之，创立无锡中学。开校之日，践四述其尊人真诠之训，涕泗滂沱。襄礼者、旁听者、教授者、入学读书者，靡不感动泣下。邑人士相与叹曰："此教孝之校也，吾辈决当辅助之矣。"践四尊人讳曰鼎焱，字曰秋荃，余尝为之传，世系详传中。践四讳阳，天性诚笃，幼读中庸君子之道四，心有会悟，遂取其义号践四。盖庸言之信，庸行之谨，实本于庭训也。年十七，入吴淞中国公学，以优等毕业。旋入上海约翰大学，暨北京法政大学，均以性情不合自退学，其去就不苟如此。越一年，考入苏州东吴大学，习教育，既毕业，入东吴法学院，攻法科。是年冬，赴美国康乃尔大学，研习法制经济，得硕士学位。游历彼邦，携一木质小斧归，人咸讶之，则曰："此购自华盛顿城，作为纪念者。"盖华盛顿少时伐木，误砍其父所植樱桃树，其父怒询谁砍，华盛顿惧而以实告，其父喜曰："汝诚实不欺，吾不复责汝矣！"践四盖取其诚实以自勖，亦以勖子孙者也。其居恒自励，先人后己，表里如一，不骛虚名。而其性情所独到，更有过人者。每读宋欧阳子《泷冈阡表》，至祭而丰不如养之薄语，辄为流涕曰：古今人子，心同理同，吾读此语，心滋恫矣。自课周密，晨必读书，声琅琅然达户外。民国十七年戊辰，余长子妇俞庆棠，创办民众教育院于苏州，后迁无锡，特聘践四为院长，忻然就职，旋易名江苏省立教育学院。规模大备，风声所播，近者悦而云从，远者如云贵甘肃各省，皆派员负笈来校受业。莘莘焉，汲汲焉，蔚为社会教育之重心矣。践四既任事，恒亲自督课。若农若工若商，或验以实事，或参以理论。夙夜勤劬，锲而不舍，先后凡十三载，中间又兼任暨南大学教务长。丁丑秋，仓猝变起，遂率教育院生徒西迁，展转至桂，虽道路流离，而弦歌不辍。厥后任广西大学校长，一如在苏讲学时，其精神始终贯彻毋稍懈也。初践四与挚友郭君德华同居，郭君豪侠士也，后因事离桂，践四踽踽凉凉，卧病桂林七星岩背村陈家敝祠中，仅一老仆侍汤药。曾一度思入医院，而两袖清风，虑无费不果入，遂以不起，既殁之后，无论识与不识皆嗟叹曰：以高君之声誉名位，而困扼若斯，岂所谓竟死不伸，孰劝为善者耶，呜呼！胡天忌才之酷耶。卒后有道践四遗事者，其妇沈氏志芬泣曰：毁家兴学，乃吾翁之命，加之于践四，地下必不安矣。又有为善后计者，则又泣曰：子孙茹苦，乃分之宜，重以厚谊，心滋戚矣。呜呼！尤可见践四刑于之化矣。践四卒于癸未岁七月六日，予闻之大骇恸，忆践四之别予也，在庚辰岁，其意恋恋，若不忍舍者。呜呼！孰意此竟永诀耶！遗有诗文若干卷，待编。德配沈夫人，有贤德，能文章。长子文凯倜傥喜谈兵，余许为大器，不幸先卒。次文藩，三文尹，四文赐，女儿，均能继述其事云。

论曰：予常谓贤者，先人而后己；不肖者先己而后人，甚至有己而无人。于是专以血气心知，互相角斗，而世界泯棼矣。予所亟赏践四者，在先人后己。综其生平，至公而无私，见义勇为。考其行谊，诸德咸备，不骞不作，可谓完人矣！无锡中学，造就人才，迄今不可胜数。其创立教育学院，农工毕举，成绩灿然，有功社会尤巨。诗曰：孝子不匮，永锡尔类。又曰：成人有德，誉髦斯士，践四当之洵无间然。惜天靳其年，仅至中寿，不克竟其设施，此则践四九泉之遗憾，而予为之唏嘘零涕不能自已者也。

（选自苏州大学出版社 2012 年出版《高阳教育文选》，系唐文治 1943 年作）

第二十二章 倡教育拯斯民鞠躬尽瘁，弘精神扬理念高风犹存

高阳 1935 年在《中国民众教育服务人员问题》中曾写道，民众教育服务人员的修养包括"群智体德"四育。"群育"指参加团体生活的能力，"智育"指科学知识和民间的常识，"体育"要求身体锻炼强健，能承受辛苦。惟"德育"要求最高："所以磨而不磷，涅而不淄，是民众教育服务人员德性上修养的要件。同时，以教育为方法，拯斯民于水火，事业何等艰苦卓绝，须有人溺己溺，人饥己饥之志，方能先天下忧，后天下乐，持久不懈，以竟其功。"[①] 高阳以为民众教育鞠躬尽瘁的实践笃行了这些信念。

一、抗战胜利高阳复校之愿终得实现

高阳去世后，一位体育教授金仲康来国立广西大学任教。金教授曾在私锡中当过校工，毅力过人，每天早晨绕操场长跑，风雨无阻；数年下来成绩出众，竟在南京全国田径运动会上获万米冠军。回无锡那天，高阳率全院师生到火车站迎

无锡社桥江苏省立教育学院内的"践四楼"（摄于 1947 年 7 月）

[①] 高阳. 中国民众教育服务人员问题 [M] //田晓明. 高阳教育文选. 苏州：苏州大学出版社，2012：182.

接,当晚又在"新世界"饭店设宴为他接风庆贺,亲切鼓励他继续深造。金仲康不负众望,入体院深造,后来成了有名的体育教授。金仲康看到高先生墓地,大恸不已。为报答先生知遇之恩,他在抗战胜利后,出资将高阳遗骸运回无锡,火化后葬于舜柯山。

1945年抗战胜利后,内迁的各高校积极回原址复校,童润之受命负责江苏省立教育学院复校工作,当年10月,学院在无锡复校。为了纪念高阳,童润之院长在复校后将学院内一幢建筑最完好的楼命名为"践四楼",并以校友会名义倡办私立践四中学,作为师范学生实习基地,由刘同圻教授兼任院长。为发扬高阳社会教育的学术思想,童润之又于1947年创办了践四社会教育研究所。该所收集了高阳遗著76篇,20余万字,分为七大类编成《高践四先生民众教育论文索引》一册,原拟出版论文集,后因经费拮据未能付梓。

1950年3月私立践四中学全体教职员合影

江苏省立教育学院挂牌成立"践四社会教育研究所"

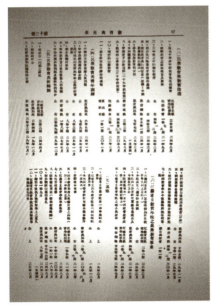

践四社会教育研究所编《高践四先生民众教育论文索引》

二、教育事业迎来蓬勃发展

1949年中华人民共和国成立后,我国的人民教育事业开启新的发展时期。1950年春,苏州国立社会教育学院迁来无锡与江苏省立教育学院合并，改称苏南文化教育学院，设中国语文、社会教育、农业教育、艺术教育等系和俄语、电化教育等专修科；古楳任院长，童润之任副院长。1952年高校院系调整，该院的大部分系科与苏州东吴大学文理学院、无锡私立江南大学数理系及私立中国文学院有关系科合并组建苏南师范学院，同年更名为江苏师范学院。1982年，学校更名苏州大学。

高阳在1920年创建的私立无锡中学，在1952年改名为无锡市第三中学，2000年与无锡的中山高中合并组建为无锡市第三高级中学；2001年学校升为江苏省重点高中，2006年升为江苏省四星级普通高中；2009年学校易地扩建，2010年学校整体搬迁至无锡市新吴区。学校以"致良知"为办学理念，曾获评无锡市"办学成果突出奖"，2020年学校荣获江苏省五一劳动奖状。

三、改革开放后无锡纪念民众教育家

人们没有忘记高阳。改革开放后的1986年，是高阳逝世43周年。在这一年的7月5日，无锡市教育局、无锡市教育学会、无锡市第三中学和江苏省立教育学院校友会联合邀请无锡市各界人士在无锡市政协礼堂召开纪念会，纪念高阳先生。纪念会上，无锡副市长兼文物管理委员会主任庄申代表无锡市政府讲话，指出要深切怀念他（高阳）兴办教育的苦心毅力，深切怀念他革新教育的远见卓识，也要深切怀念他献身教育的高风亮节；并号召人们学习高阳先生致力于教育的精神和美德，为发展社会主义教育事业服务。纪念会上，无锡市第三中学校长宋祥熙和苏州大学教授、江苏省立教育学院校友会会长黄旭朗也分别做了发言，赞扬高阳先生的高尚品质和对我国培养民众教育人才的贡献。这一天下午为高阳迁墓，因原墓地地区改建农田，将高阳墓从舜柯山迁到无锡青龙山，建墓立碑，以志永念（1994年经无锡市政府批准为市级文物保护单位）。

1987年，高阳夫人沈志芬女士在上海辞世，享年94岁。生前她再三叮嘱儿女，不要将其葬在高践四纪念碑下（高先生迁葬时已预留一穴）。她认为无锡的中学为高阳建墓立碑，是学校的情分，而自己对学校没有贡献，不能享受这份殊荣。在她的坚持下，儿女们只得答应。沈志芬女士逝世后，儿女们回到故乡，悄悄在青龙山公墓高阳墓地后山另买了一小块

地，安葬了她的骨灰。事情办完后，才告知无锡市第三中学。

　　1992年4月19日上午，无锡市举行了"民众教育家高践四先生诞辰100周年纪念会"，参加纪念会的有无锡市政府、市政协、市教委、市教育学会、市教育学院、市老年大学和苏州大学等有关单位领导和来宾，市三中（原私立无锡中学）师生代表和来自全国各地的校友共180余人。纪念会由江苏省立教育学院校友仲安仁主持。在这次纪念会上，无锡副市长张怀西先生（1935年生，江苏无锡人，民进成员。曾任无锡副市长，民进无锡市主委；江苏省副省长，民进江苏省主委；民进中央副主席、中国教育学会副会长等；2003年当选第十届全国政协副主席）发表了讲话。张怀西先生指出，高阳先生的思想有四个方面值得学习、提倡和继承：一是爱国思想和高风亮节；二是把一切奉献给教育事业的思想；三是直接面向广大群众的民众教育思想；四是非常重视实践，重视理论与实践相结合的思想。

　　在纪念会上，各方代表都发了言，其中包括无锡市第三中学代表张大

"民众教育家高践四诞辰100周年纪念会"在无锡举行

年，江苏省立教育学院校友张渤如（时任扬州工学院党委书记兼院长），还有高阳家属代表高瑾玉。

四、高阳民众教育思想得以整理阐扬

1987年起，在苏州大学支持下，江苏省立教育学院校友会先后收集了百余位校友对学校办学历程的宝贵回忆和总结，编印的回忆录文集陆续面世。1987年10月完成编印《江苏省立教育学院校友会丛刊》第一辑专辑，纪念俞庆棠先生90周年诞辰并纪念江苏省立教育学院成立60周年。1989年6月完成编印的第二辑和以后的各辑加了"艰苦的探寻——江苏省立教育学院校友回忆录"的题名，由民众教育家甘豫源先生题签。第二辑分为综合类、研究实验事业、民众教育工作、人物回顾、学生爱国运动、电化教育专辑、诗词和短文、题字和照片等八个部分，前面并加了俞庆棠、高践四、童润之生平事迹介绍。

《艰苦的探寻——
江苏省立教育学院校友回忆录》

1992年4月编印了第二辑的续集，主要内容是纪念高阳100周年诞辰专题，包括20余首纪念诗词和20篇纪念文章，以及关于学院师生、实验实习工作以及学院生活的回忆文章等。第三辑和第四辑分别完成于2000年9月和2004年3月，内容包括抗战胜利复校后的历史回忆等。校友会会长、苏州大学图书馆原馆长黄旭朗先生为前两辑写了编后语，希望对俞庆棠、高践四和其他老师在艰苦探寻中积累起来的教育理论和经验进行整理、阐扬。

1995年，华东师范大学出版社出版了由孙培青、李国钧主编的《中国教育思想史》三卷本，其中金林祥编写的第三卷第八章"平民教育与乡村教育思想"中，阐述了晏阳初、梁漱溟和高阳的教育思想，认为高阳重视乡村教育的思想，以及他所开展的各种乡村改造事业，应该得到应有的重视。

金林祥教授编写的《中国教育思想史》第三卷
封面及第八章第四节"高阳的教育思想"目录

1996年,《高践四民众教育论著选》集册在苏州大学及江苏省立教育学院校友会支持下,在无锡市第三中学、无锡教育学院和高瑾玉女士等的共同努力下面世,其中收集了高阳的文章62篇,并节选高阳所著《民众教育》一书内容,以及高阳所作诗词九首;并辑入唐文治、雷沛鸿、梁漱溟等撰写的纪念高阳文章。

五、灌溉连年辛且苦,成蹊桃李花无数

《高践四民众教育论著选》封面

进入21世纪以来,高阳的教育思想和教育实践得到更多教育界的关注。由潘懋元先生主编的《中国高等教育百年》一书提到了高践四的民众教育,以及在全国率先创办农业高等教育的江苏省立教育学院。

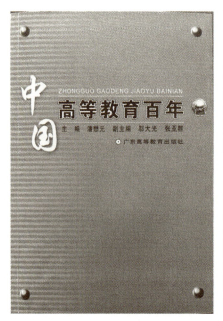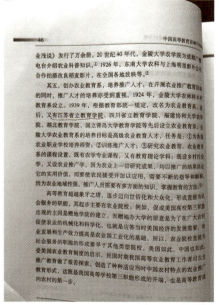

潘懋元先生主编的《中国高等教育百年》封面及书中有关江苏省立教育学院的内容

  2005年，中国文史出版社出版了张蓉所著《中国现代民众教育思潮研究》一书，其中系统深入研究了中国现代民众教育运动中"那些为教育民众而呕心沥血的教育者们"和"那段曾经蓬勃发展以至于蔚为壮观的历史"，[①] 阐述了俞庆棠、高阳等民众教育的代表人物和思想体系及其影响和启示。此后，又有朱考金、姜新、侯怀银、张改娜等越来越多的学者，从不同角度研究高阳先生的民众教育与乡村教育思想，研究江苏省立教育学院的办学实践以及历史贡献，探讨发现其对当今高等教育人才培养的有益启示。

---

① 张蓉.中国现代民众教育思潮研究 [M].北京：中国文史出版社，2005：268.

第二十二章　倡教育拯斯民鞠躬尽瘁，弘精神扬理念高风犹存

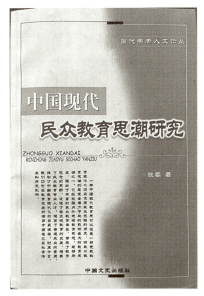

张蓉著《中国现代民众教育思潮研究》封面及有关江苏省立教育学院目录页

朱考金著《民国时期江苏乡村建设运动研究》封面及有关江苏省立教育学院的内容

2012年1月，由田晓明任主编、王国平和钱万里任副主编的《苏州大学校史丛书——高阳教育文选》由苏州大学出版社出版。该书为苏州大学校史丛书之一，由时任苏州大学党委书记王卓君和校长朱秀林为丛书作总序，时

201

任苏州大学副校长田晓明为本文选作序;曾任华东师范大学教育科学与技术学院院长的金林祥教授为文选撰写前言。也是在 2012 年,无锡电视台拍摄播出了专题片《高阳毁家兴学校》。这一年正是高阳 120 周年诞辰。

田晓明主编《高阳教育文选》封面

金林祥教授在 2013 年第 8 期《教育研究》发表的《论高阳对中国近代教育的贡献》一文中指出,高阳"在长期实践探索基础上形成的以'运用团体力量解决社会问题''重视民众生计教育''因民众生活之需要而施教''让民众自动切不可替天行道''注重实习由做而学'为主要特征的民众教育思想,在当时异彩纷呈的民众教育思潮中独树一帜","为中国近代教育的发展,尤其是对在中国近代教育史上曾产生积极作用和广泛影响的民众教育的发展,做出了重大贡献"。①

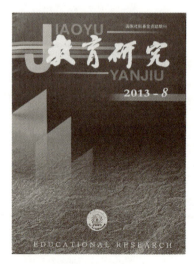 

2013 年第 8 期《教育研究》封面及金林祥教授刊发的文章

---

① 金林祥. 论高阳对中国近代教育的贡献 [J]. 教育研究,2013(8):117-124.

第二十二章　倡教育拯斯民鞠躬尽瘁，弘精神扬理念高风犹存

高阳亲手创办的私立无锡中学（今无锡市第三高级中学），数十年来始终不忘传承创办者无私奉献教育的精神。2000 年和 2010 年，学校在 80 周年、90 周年校庆等重大活动中，隆重纪念唐文治先生和高阳先生，平时在教学中还通过组织学生作文等各种方式教育师生弘扬优秀传统。2020 年 10 月，无锡市第三高级中学隆重举行建校 100 周年纪念活动，为创校人高阳先生树立了铜像，以永志纪念、瞻仰。

2022 年，是高阳先生 130 周年诞辰。先生终其一生为国为民所奉献之教育事业，亦已如他当年在桂林赋词《蝶恋花（拜别雁山沙塘诸友好）》中所愿："莫道行云何处去，雨露春风，每到村村树。灌溉连年辛且苦，成蹊桃李花无数。"

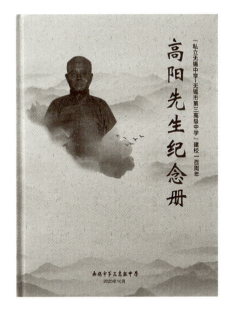

无锡市第三高级中学建校 100 周年（2020 年）编印的《高阳先生纪念册》

附

高践四先生事略

梁漱溟

高阳先生号践四，江苏无锡人，于中华民国前二十年正月十八日生。父鼎焱公，母何氏，鼎焱公性行笃实刚毅，为乡邑之长者，以劳工成其业，先后创立工厂于本邑及吴县。先生性活泼，幼年随侍鼎焱公左右，受家教最深，复日夕与现实社会接触磨砻，因以形成严正之品格及精干之素养。初受学家塾，继入吴县唐家弄小学，毕业后入中国公学。时风气已开，政治改革已为普遍之要求，先生受潮流之激荡，感国势之阽危，而发奋救国之志以立。辛亥年中学毕业，与沈志芬女士结婚，家居自学一年。民国二年插入东吴大学二年级，攻法律，四年毕业。是年冬自费游美，入康乃尔大学习经济，对于穆勒氏功利主义及功利主义之教育甚喜研究。六

年夏得硕士学位,即漫游美国南方各州,考察榨油工业,盖与鼎焱公所经营之事业有关也。七年春返国,认定人生应先求自立,更进而廉洁自持,以服务于社会。故返国后,舍弃以父亲关系引入外交部工作之机会,而自请上海环球学生会介绍,以月薪七十元之微薄待遇,执教于暨南学校。入校时,自肩行李书物,布置卧室,日常生活,概自躬处理,不假手校工。旋主持暨南商科,以办事认真,管训严格,深得学生之畏敬,其后真如暨南商科大学实于此时树立基础。八年,先生以父病,返家亲侍汤药,不离左右,而鼎焱公卒于是年弃养。先生哀痛逾恒,凡可以尽其孝思者,无不力践笃行之。丧葬后,尽出其家产,创办私立无锡中学,以为乡邦培育青年。盖鼎焱公自以少时家贫失学,尝抱兴学之愿也。十三年秋,先生离暨南转入中国公学任教。计前后任事暨南六年,所办商科人才辈出,知之者皆谓先生之力云。在中国公学四年,一本其过去主张以施教,不为任何阻碍所屈,一时校风为之丕变。十六年任职招商局,时国民革命潮流弥漫,招商局又难于整理,即于翌年辞职,南游革命策源地之广州,任广东省政府秘书。同年(十七年)秋,以俞庆棠先生之敦劝,受江苏省政府之聘,接任中央大学区立民众教育院,并负责筹设劳农学院。十八年春,受聘兼长劳农学院。先生自长民众教育院后,日夕与民众接近,考察中国社会问题,于是深知救国之道,必在乡村建设。盖认为国势之陵夷,民生之贫困,与民智之不开,科学之落后,社会之缺乏团体组织及自治能力,实互为因果。民族自救之方,虽百异其说,但普施民众教育于广大农村,要不失为起治沉疴之苦艾。其要领则为培养干部人员,深入民间工作,自改善民生入手,藉以亲近民众,唤起民众,启发其组织能力,引进科学知识及技术,于民智日开民生改善之中,社会组织日健,国势自必随之兴隆。先生具此信心,因而殚精竭虑以从事,自后未曾稍易其倾向。为阐发此理论,暨研讨其方法,更创刊《教育与民众》月刊,继续刊行至百期之久,对中国民众教育运动推进至大。十九年秋,民众教育院与劳农学院合并,改组为江苏省立教育学院,先生连任院长,盖集中其全部精力以经营之。其时民众教育社会教育之设施,日益开展于全国。因与俞庆棠、赵冕诸先生发起组织中国社会教育社,复以救济农村之呼声日亟,而乡村建设亦已风动全国,因又与晏阳初先生及本人等组织全国乡村建设学会。凡所以推进此运动者，无不首致其力焉。同时对其他学术团体，如中国教育学会、中华职业教育社等，凡直接间接与民众教育有关者，亦无不热心赞助，以求声气之互通，与工作之协进。

先生之治事办学，大抵可以笃实践履，严格精勤，规划有方，数语尽之。苏省教育经费例有积欠，垫支校用，校务进行，赖以不致中断，并得切实安定全校员生生活。江苏省立教育学院在先生领导之下，事业日趋开展。而学风优良，国内各大学所不多觏，声誉鹊起，向学者日众，参观请教者，日不暇接，遂蔚然成为国内民众教育运动之中心。学院名义虽为江苏省立，实际上全国各省均在院内设有公费学额，远如滇、黔、粤、桂、川、康、陕、甘学子，亦有负笈来游。于时，全国社会教育人才之训练培养，各地社会教育事业之研究实验，各省有关社会教育之法令设施，以及目前战时教育及社会服务事业，其间取法于江苏省立教育学院者盖不少。而皆行之卓著成效，则是先生之努力，不徒劳也。先生于民众教育之实施首重生计教育，盖有"民生第一"与"教养不分"之意。因此江苏省立教育学院在经费设备各方面，特别着重农事教育，而寄教育重心于乡村。当时院内各教授亦有与先生意见不尽相同者，先生固坚持己见，务求贯彻。但对其他不同之主张，亦能兼容，使之有实验机会。因是，院中附设之实验事业，应有尽有，且由博及约，而类能有特殊之表现。先生过去办学已以严格著名，自主持苏院后，管训学生，更尚刻苦，一切设计，必使有实施办法，而贯彻于力行之中。训导工作，每亲自负责，员生会食，每餐必参加，十数年如一日，从未见其稍厚以自奉也。于训练学生，除学习学科外，例以四分之一时间，在附属实验机关观摩见习，俾从事实际工作。先生既处处以才为教者如此，故出于江苏教育学院者，类能刻苦奋勉，长于实际工作，绝少浮嚣之气，为世所称。

抗战军兴，先生立即安排全院师生下乡组织民众，积极作御侮自卫之计。不久苏嘉沦陷，苏院被迫西迁，初在长沙复课，继迁桂林，间关万里，艰苦备尝。旅途跋涉之中，先生教导学生，一如平日。湘江风雨，师生数十人局促破舟中，而讲授诵读之声不辍。既抵桂，临时校址决定后，次日即恢复上课。草屋数椽，不蔽风雨，而其乐融融。饭菜粗劣，常人所难以下咽者，而先生食之先，有余甘焉。二十七年夏，院事部署略停，先生为安心工作计,乃将院务交童润之先生代理,亲送眷属回上海。又因家累,羁留沪上年余。二十八年南京伪组织酝酿之前后,敌伪对居留沪租界稍有名望之华人利诱威迫,无所不用其极,稍一不慎,辄不免失足之恨。先生既有名于时,不可不早有以自处。二十九年春遂毅然诀别妻子,只身间道入内地,重返桂林。去时发黑,来时鬓斑,其间辛苦可以想见矣。先生到桂时,与友好门生相见,辄复微笑,若以家庭不足重,得呼吸自由中国之空气,重理旧业不胜其欣慰者。苏院在童先生代理期间,在桂基础略立,至此复得先生领导与当地政府之扶助,发展可期。乃维持至三十年夏,卒因经费不济,奉部令暂行停办。旋奉命为国立广西大学校长,先生固辞不获,强起任事。自三十一年春初,频频感冒,体温增高,体重则日减,而所事繁剧,不肯节劳,体力乃渐不支,五月间即呈请辞职,至三十一年冬,始得给假养息。遂离西大,养疴于桂市东郊陈家祠,仅以老仆侍奉。医药费颇感拮据,时或赖友人之资助。陈家祠地势卑湿不洁,非养病之所,门生故旧有以设法筹款易地疗养为请者,而先生顾念战时艰难,不愿为个人多费,卒未之易。三十二年一月辞职奉准,教部改聘请先生为全国学术审议委员会专门委员。入春以来,病况似有起色,门下往访,随时接见,每不知倦息。病中又殊念其一手创办之江苏省立教育学院,而谋赴皖南,作复校之计。不意七月六日凌晨六时,病势突然转剧,呕血不已,竟告不治。此风骨矫强,严格负责,为国家所最需要之一代教育家,竟于贫病交困之中,溘然长逝。享年只五十有二,闻者莫不嗟叹惜之。

先生笃于伉俪,凡久在门下者皆知之。自二次来桂以至卧病陈家祠期间,每周必与夫人通信,指示治家及教育子女之道,夫人亦经常有信来。病境惨寂凄清,而独不作归计,操持有定,以至于死。大节凛然,盖尤足风世云。平生著述,多发表于《教育与民众》月刊中,并著有《民众教育》一书,由商务印书馆发行。其先人产业,即举以兴学,一生复不治私产,故身后境况,极为萧条。书籍千余册,及随身衣物数件,即为先生仅有之遗产。夫人沈志芬女士,远在故乡,子女七人,长者已能自立,最幼者九岁。易箦时,唯第五女瑾玉一人在侧,系新自故乡冒万难赶来侍奉,到桂犹未足一月也。三十二年七月十一日友好雷沛鸿、本人及诸门人葬先生遗体于桂市东南望城岗。墓地前,漓水在望,群山环立,风景如画,足供后人凭吊。先生逝世前曾有遗言，由瑾玉女士笔记，并录如后：

一、平生所抱宗旨为"先公后私，先人后己"，以此自律，并勉励尔辈。

二、待人须忠厚，对长辈须恪尽孝道。

三、凡事须前后再三考虑，不可鲁莽；方针既定，必宜彻底。

四、余身后决不要以战时艰难之钱，花费于我个人丧葬之用。盖先父并不以隆重华贵之葬礼为荣，居家向来以俭为主。

五、余一生以尽力于江苏省立教育学院为多，前后同学努力为母校增光，是余所至望也。

（选自苏州大学出版社2012年出版《高阳教育文选》）

后 记

  2012 年，苏州大学校史丛书中的《高阳教育文选》由苏州大学出版社出版。作为高阳后人，我参与了编写工作，其间对苏州大学原分支——江苏省立教育学院的办学历史以及外祖父高阳的一生有了更多了解。十年后，又是在苏州大学出版社支持下，这部《读懂无锡高践四——民众教育家高阳简传》即将出版。书中多半内容在讲江苏省立教育学院的办学故事，因为高阳一生以尽力于该校为多，两者历史的确密不可分。

  我能完成这部简传，先要感谢一位唐山老教师。2019 年春，我应邀参加唐山培仁教育记忆馆开馆仪式，巧遇 40 多年前老邻居，唐山第十一中学（前身曾为私立女子培仁中学）原副校长赵廷贤老师。八十有余的赵老师精神矍铄，依然热爱教育，热爱文学且笔耕不辍。交谈中意想不到的是他热心建议我退休后可以写写外祖父和母亲，因为他们都曾一生奉献教育直至鞠躬尽瘁，将他们爱国敬业的故事介绍给大家很有意义。我因原本学理工，对自己能否写文史书缺乏自信，赵老师则说，他看过我的文章，认为我可以的。

  2020 年初，新冠疫情突然来袭。因居家增多，许多原本能做的事都做不了。光阴的叹息触动了我，一番考虑后，我自 2020 年初夏开始试笔，为外祖父写传。想到写纯粹的传记或传记文学都需要深厚的文史功底，自己很欠缺，于是选择从"读懂"角度来写，以客观史料为基础，从中挖掘江苏省立教育学院的优良办学传统和鲜明办学特色，刻画以高阳为代表的那一代爱国知识分子的报国精神、教育思想和育人故事。

  作为写作新手，我很幸运遇到一位好导师——江南大学原校长、无锡市科学技术协会原副主席陶文沂教授。2009 年，我应邀参加大学校长论坛时结识了陶文沂老师，得知陶老师是我国自己培养的第一位发酵工程博士，工业微生物和植物细胞工程专家，而且陶老师中学时代曾就读的无锡市第三中学前身即为高阳创建的私立无锡中学。后来在2018年，政协无锡市梁溪区委员会组织编纂《梁溪区名人集萃》，陶老师又邀我撰写介绍高阳的文章。因此，本书的初稿在2021年秋基本成形后，我就想到陶老师是一位既熟悉无锡又熟悉高等教育的教育家，于是恳请陶老师指正，他欣然应允，并告诉我江南大学最初的校址就是江苏省立教育学院原校址。令我敬佩的是陶老师做事热心且认真，不仅逐字逐句校阅了所有章节，提出了中肯的修改建议，还帮我查阅补充了珍贵的史料。特别感谢的是，陶老师对书稿中各章标题一一提了修改建议，原来我写的标题字数不齐还缺少呼应，经陶老师修改后的各章标题在格式、语言和关联度上都有很大提升，对书稿起到了提纲挈领、画龙点睛的作用，更提高了可读性。后来，陶老师又数次认真帮我看了修改后的书稿，陶老师的言传身教不断激励着我这初学者，也使我深刻体会到，怎样做人做事才真正是一位德高望重的教育家。

为了不使陶老师为此小书超负荷付出精力，我又请陶老师推荐了无锡教育局原局长钱江老师一起帮我看稿指正。钱江老师与我本不相识，但也很热心地支持我的写作，不仅对书稿的部分结构提出中肯的修改建议，而且推荐我查找《全国报刊索引》以及《梁漱溟日记》中有关高阳的史料，进一步丰富了书稿内容。从陶文沂老师、钱江老师身上，我深深感受到无锡父老乡亲对传承家乡优秀文化的历史责任感，感受到他们对这份事业高度的热忱与可贵的坚持。

本书能够顺利出版，要感谢苏州大学档案馆原馆长、现苏州大学图书馆党委书记钱万里老师的热心搭桥，感谢苏州大学出版社的大力支持。钱万里书记早在档案馆工作时就为收集江苏省立教育学院史料和出版《高阳教育文选》做过很多切实工作。这一次，我又请他联系到苏州大学出版社商量出版事宜，并且在我提出请求后，钱万里书记欣然应允为本书撰写序言。苏州大学出版社李寿春副总编为本书的高质量出版做了悉心周到的安排，相关编辑也为审校书稿内容付出很多精力，感动的同时更让我看到苏州大学出版社海纳百川的胸怀。在此，谨向苏州大学出版社和上述各位老师致以衷心的感谢！

最后应感谢的是亲友和家人。高阳的两位小女儿——我的七姨高崑玉女士和八姨高理玉女士两位长辈，一直支持我对外祖父高阳的研究，或口述往事回忆，或寄送特产鼓励。高家的兄弟姐妹热心提供高秋荃印章和高家老照片等，为此书丰富了珍贵的史料内容。同为无锡祖籍的爱人和同为教师的子女，他们的充分理解与温暖支持给予我更多写作的信心。

  虽然在大家的支持下，自己为本书尽了全力，但毕竟水平有限，想必会存在很多的不足，恳请读者批评指正。书中一些老图片由于年代原因清晰度较差，在此亦向读者表示歉意。

  谨以此书献给生生不息的美好无锡，献给桃李满天下的苏州大学；献给神圣崇高的人民教育，献给可敬可爱的人民教师！

华 玉
2022 年 11 月